# TAGEBUCH EINER GÄNSEMUTTER

Angelika Hofer

# TAGEBUCH
## EINER GÄNSEMUTTER

mit Fotografien
von Günter Ziesler und Martin Bilfinger

*ars edition*

Für Hanni und Günter

Heute ist der 13. Ich bin nicht abergläubisch. Aber warum sollte ich nicht glauben, daß heute ein Glückstag ist?

Am Vormittag klingelt das Telefon. Eine alte Dame ist am Apparat: »Fräulein Hofer, ich füttere doch jeden Tag die Schwäne unten am Lech. Ich glaube, heute morgen war eine Ihrer Gänse dabei.«

Ich kann es kaum fassen. Sollte wirklich eine von meinen fünf Streifengänsen den über sechzig Kilometer langen Weg vom Ammersee zurück nach Füssen gefunden haben, ohne ihn je zuvor geflogen zu sein? Fast genau vor einem Jahr hatte ich die fünf vom Hopfensee mit dem Auto an den Ammersee gebracht. Der Entschluß dazu war mir sehr schwer gefallen. Doch in der Obhut von Freunden, die ebenfalls Streifengänse großgezogen haben, waren sie nun einmal besser aufgehoben als auf der verkehrsreichen Hopfener Uferstraße, die sie zu ihrem Lieblingsplatz erwählt hatten.

Mittags bin ich unten am Lech. Es ist Julchen, die zurückgekehrt ist.

»Du kleine treue Gans. Du bist ja verletzt. Dir fehlen Federn am Hals. Du bist doch nicht etwa zurückgekommen, um hier zu sterben, so wie damals Floh, den ich im Februar schwerverletzt nach Hause geholt habe? Hoffentlich haben dir die Schwäne nur ein Federbüschel ausgezupft.«

Ach Julchen, schade, daß du meine Gedanken nicht lesen kannst. Nie hätte ich geglaubt, dich hier wiederzusehen. Zwei Jahre ist es nun schon her, daß ich dich und deine Geschwister großgezogen habe. Gott sei Dank weißt du nicht, wie berühmt ihr inzwischen geworden seid. Euch habe ich es zu verdanken, daß ich in diesem Frühjahr erneut »Gänsemutter« werde. Diesmal werden meine Kinder kleine Graugänse sein, während Streifengänse und Kanadagänse von zwei »Gänsevätern« aufgezogen werden. Gemeinsam werden wir an einem Forschungsprojekt mitarbeiten. Und stell dir vor, die Graugänse dürfen sogar ins Fernsehen.

Was meinst du Julchen, soll ich darüber ein Buch schreiben?

Mittwoch,
13. April 1988

## Sonntag, 24. April

*7.00 Uhr.* Die Sonne scheint ins Zimmer. Günter schläft noch tief. Ich aber bin unruhig. Ich muß aufstehen und nachsehen, ob alles in Ordnung ist.

Kaum öffne ich die Tür zum Arbeitszimmer, höre ich ein leises Piepsen. Vorsichtig hebe ich den Deckel der Brutglocke hoch. Aufgeregt zwitschernd strecken mir zwei frischgeschlüpfte Gänslein ihre Köpfchen entgegen. Ich antworte leise *wiwiwi*, nehme sie in die Hand und stecke sie unter meinen Schlafanzug. Die Hornhüllen, die ihre Daunen umkleidet haben und frischgeschlüpften Vogelkindern ein nasses Aussehen verleihen, sind größtenteils schon getrocknet und abgefallen. Als ich die beiden nach einer Weile wieder hervorhole, haben sie sich vollends zu zwei flauschigen Federbällchen aufgeplustert. Es erscheint mir jedesmal aufs neue wie ein Wunder, wenn sich ein gerade geschlüpftes »häßliches Gänslein« innerhalb weniger Stunden in ein »frischaufgeblühtes Weidenkätzchen« verwandelt. Wie haben die Gänsekinder in dem kleinen Ei nur Platz gehabt? Jetzt füllt eines bereits meine Handfläche aus. Die Küken sind fast doppelt so groß wie meine ersten Adoptivkinder, die Streifengänse. Mit zehn Graugänsen unter dem Pulli wird's wohl etwas eng werden.

Ich entferne die leeren Schalen und kontrolliere die restlichen Eier. Drei weitere sind angepickt. Zwei davon haben an der Anpickstelle einen Sprung, beim dritten Ei hat das Küken schon das Atemloch in die Eischale gedrückt. Nur die Schnabelspitze mit dem Eizahn ist sichtbar. Leise spreche ich zu den Gänschen.

Mit dem ersten Akt des Schlüpfens durchstößt das Küken die Haut, die am stumpfen Eiende die Luftkammer vom übrigen Inhalt trennt, und beginnt durch die Lunge zu atmen. Im selben Moment fängt es auch an, Laute zu äußern. So ist eine Unterhaltung bereits mit dem Gänslein im noch allseits geschlossenen Ei möglich. Tatsächlich dauert es nicht lange, bis mir aus allen drei Eiern ein kräftiges Piepsen antwortet. Das erste akustische Band zwischen »Mutter« und Gänseküken ist geknüpft, auch wenn uns die Eischale noch trennt.

Ich lege die drei im Schlupf befindlichen Eier in die zweite Brutglocke, die ebenfalls auf 37 Grad Celsius Bruttemperatur eingestellt ist, und setze die beiden Küken dazu. Ihr Zwitschern soll die Geschwister beim Schlüpfen anspornen. Dann heize ich den Kachelofen an, damit es auch im Zimmer warm wird und die Küken nicht frieren, wenn wir zum Filmen die Brutglocke öffnen.

Günter schläft immer noch. Ich krieche wieder ins warme Bett, doch an Schlaf ist nicht mehr zu denken. Zu viel geht mir durch den Kopf. Wie bringe ich es ihm wohl am besten bei, daß unser letzter gemeinsamer Sonntag kein freier Tag mehr ist? Und

wie wird das Filmteam die Nachricht aufnehmen, daß zwei Gänschen schon geschlüpft sind? Drehbeginn war doch erst für Montag angesetzt. Gänsegeburten lassen sich eben nicht planen. Ich hätte es wissen müssen.
Beim Frühstück erzähle ich Günter von der unverhofften Wende der Dinge. Während er die Nachricht mit Fassung trägt, nimmt Georg, der Kameramann, sie eher als Hiobsbotschaft auf. Von der Neuigkeit per Telefon in der Badewanne überrascht, heißt es jetzt für ihn: Kamera packen, Assistent verständigen, rein ins Auto und los. Von München nach Füssen ist es schließlich kein Katzensprung. Gerald und Wolf,

*Zehn Stunden alt, hat Akka sich in ein flauschiges Federbällchen verwandelt.*

die beiden Filmemacher, die ebenfalls in München wohnen, wollen am ersten Drehtag natürlich auch dabei sein. Später werden Georg und Bernd wohl oft alleine filmen müssen.

*15.00 Uhr.* Georg und sein Assistent Bernd treffen ein. Sie beginnen sofort mit dem Aufbau von Kamera und Lampen im Arbeitszimmer. Es bleibt ihnen nicht viel Zeit. Die Gänschen haben es mit dem Schlüpfen eilig. Alle drei haben nun das Atemloch gepickt und bemühen sich, um den stumpfen Eipol herum gegen den Uhrzeigersinn eine Rinne in die Schale zu drücken.

Ich hatte gar nicht geahnt, welcher Aufwand nötig ist, um eine Schlüpfszene zu filmen: Eine Lampe kommt draußen vors Fenster, zwei Filmleuchten werden im Zimmer aufgestellt. Das Zimmer ähnelt einem Filmstudio: Lampen, Kabelsalat, an der Decke ein Reflektor, Mikrofon und Riesen-Kamera auf Riesen-Stativ nebst Kameramann und Kameraassistent. Eigentlich stehen nur noch Schreibtisch und Sofa an der alten Stelle. Wo bleibt da noch Platz für mich? Wie werden die beiden es fertigbringen, das Durcheinander nicht auf Film zu bannen? Die Lampen sind so heiß, daß das Thermometer bald auf über 30 Grad klettert – gerade die richtige Temperatur für die schlüpfenden Küken.

*16.00 Uhr.* Endlich ist die Kamera aufnahmebereit. Als ich die Brutglocke öffne, hat sich ein Küken gerade aus der Eischale befreit und zwitschert mir im Chor mit den beiden anderen zu. Vorsichtig stecke ich alle drei unter meinen Pullover.

*16.30 Uhr.* Küken vier und fünf sind fast gleichzeitig geschlüpft. Ich setze Küken Nummer drei zurück zu seinen Geschwistern in die Brutglocke. Die zwei Erstgeborenen behalte ich unter dem Pulli, während wir auf der Terrasse eine Tasse Kaffee trinken.

Bernd macht ein arg betretenes Gesicht. Er hat Krach mit seiner Freundin. Wegen des überstürzten Drehbeginns hatte er den versprochenen Sonntagsausflug plötzlich absagen müssen.

*17.30 Uhr.* Ich hole die Brutglocke mit den fünf Gänschen ins Schlafzimmer und stelle sie neben mein Bett. Die Kamera folgt mir auf Schritt und Tritt. Auch die ersten Gehversuche der Küken eins und zwei werden gefilmt. Die beiden sind noch schwach auf den Beinchen, aber sie reagieren bereits auf meine leisen *komm-komm*-Rufe. Tolpatschig versuchen sie mir zu folgen.

*18.00 Uhr.* Drehpause. Nun habe ich alle fünf unter dem Pulli. Auf einem Monitor schauen wir uns die Ausbeute des heutigen Tages noch einmal an. Videoaufzeichnungen

*»Filmstudio« Arbeitszimmer*

*Akka und Mohrle haben gerade auf meiner Handfläche Platz.*

haben schon ihre Vorteile. Man sieht gleich, was gefilmt wurde, und hat so eine Sorge weniger. Das Chaos im Arbeitszimmer ist auf dem Bildschirm nicht zu sehen.

*19.30 Uhr.* Günter und ich beringen die Gänschen. Die fünf Gänsekinder sehen einander so ähnlich, daß sie in der ersten Woche nur mit Hilfe der farbigen Plastikringe zu unterscheiden sind. Nur eines der beiden Erstgeborenen macht eine Ausnahme. Es ist wesentlich dunkler gefärbt als seine Geschwister. Ich taufe es Mohrle und gebe ihm einen roten Ring. Küken Nummer zwei bekommt einen grünen Ring und den Namen Akka, in Erinnerung an Nils Holgersson. Von den Küken drei, vier und fünf nenne ich Nummer drei Nela und beringe es hellblau, Nummer vier erhält den Namen Ringelchen und einen weißen Ring. Nummer fünf bekommt als Namen seine Ringfarbe: Rosa. Danach setze ich alle fünf zum Schlafen in die Brutglocke.

*22.15 Uhr.* Wir gehen zu Bett. Die Küken sind etwas unruhig.

*1.00 Uhr.* Ich wache auf. Die Gänschen rufen. Ihnen ist kalt. Sie haben den Deckel der Brutglocke beiseitegeschoben. Ich breite ein Handtuch über sie und schalte die Wärmelampe ein. Sofort sind sie ruhiger. Auf ihre nurmehr leise wispernden Laute antworte ich ihnen mit *wiwiwi*.

*7.15 Uhr.* Aufstehen. Die Gänslein haben sich unter dem Handtuch hervorgewuselt und »weinen« laut *pfüppfüppfüp*. Das ersetzt den besten Wecker. Doch kaum erscheint mein Kopf über der Bettkante, ist aller Kummer vergessen, und die vielsilbigen Rufe des Verlassenseins gehen in freundlich trillernde, zweisilbige Begrüßungslaute über: *wiwi-wiwi*.

Ich setze Akka, Mohrle, Nela, Ringelchen und Rosa auf den Fußboden, gehe langsam vor ihnen her und locke sie mit *komm-komm*. Doch anstatt mir zu folgen, bleiben sie an der Türschwelle sitzen.

Erst der Drang, ganz nah bei Mama Gans zu sein, läßt sie das Hindernis Türschwelle überwinden. Wie unbeholfen sie noch sind! Sie erinnern mich an ein neugeborenes Fohlen bei seinen ersten Stehversuchen. Die Füßchen rutschen unter ihnen weg, sie machen Spagat, purzeln hin, rappeln sich wieder auf und laufen schließlich ein kurzes Stück in meine Richtung.

*7.45 Uhr.* Georg und Bernd treffen ein. Sie wollen mich mit den Gänsen im Supermarkt filmen. Nach meinen lustigen Erlebnissen mit den Streifengänschen hatte ich mir zwar vorgenommen, nie mehr mit Gänsen einkaufen zu gehen, aber man soll eben niemals »nie« sagen.

Mit fünf schlafenden Graugansküken unter dem Pulli ist meine Bewegungsfreiheit ziemlich eingeschränkt. Gänsekinder finden es selbstverständlich, daß sich Mutter Gans ruhig verhält, wenn sie schlafen wollen. Wenn ich mich bewege, fühlen sie sich unter meinem Pulli wohl ähnlich, wie ich mich im Bauch eines schwankenden Schiffes fühlen würde. So fährt Günter unverhofft zum ersten Mal »Ente« – und das mit Gänsen!

Am Supermarkt angekommen, muß ich mit dem Aussteigen warten, bis die Kamera in Position gebracht ist. Günter sucht inzwischen den Geschäftsführer, um die Dreherlaubnis für den Laden zu erhalten. Schon das Aufstellen der Filmgeräte auf dem Parkplatz erregt Aufsehen. Die Angestellten vergessen ihre Arbeit und starren neugierig auf die Kamera. Als stiller Beobachter auf dem Beifahrersitz meiner »Ente« muß ich über ihre fragenden Mienen innerlich lachen. Das Beste soll ja erst noch kommen.

Am Ladeneingang empfängt mich der Geschäftsführer händeringend mit den Worten: »Warum kommen Sie denn so früh am Morgen, und das auch noch am Montag? Da schaut es bei uns doch fürchterlich aus!« Überall stehen Stapel mit neuer Ware, die Angestellten sind mit Einräumen beschäftigt. Was ist daran so

*Montag, 25. April*

fürchterlich? Schließlich drehen wir ja keinen Spiel-, sondern einen Dokumentarfilm. Angesichts der Kamera vergessen die meisten das Drumherum. Daher wundert sich auch keiner, daß es unter meinem Pulli manchmal piepst. Georg muß die Verkäuferin am Obststand regelrecht auffordern, ihr schauspielerisches Talent unter Beweis zu stellen und die alles entscheidende Drehbuchfrage zu stellen: »Piept's bei Ihnen?« Was seinerzeit bei den Streifengänschen spontan gesagt worden war, läßt sich vor der Kamera nicht ohne weiteres glaubhaft wiederholen. Dafür gibt es Stoff für neue Anekdoten. So bemerkt die Obstverkäuferin nach ihrem Filmdebüt fast ein wenig vorwurfsvoll: »Hätten Sie mir das mit dem Fernsehen doch ein bißchen früher angekündigt! Dann wäre ich vorher wenigstens noch zum Friseur gegangen.«

Als wir zur Brottheke kommen, fleht der Geschäftsführer den Kameramann an: »Hier filmen Sie bitte später, wenn die Waren geliefert sind. Was soll denn mein Chef denken, wenn er die leeren Regale im Fernsehen sieht?«

An der Kasse ist er dann erneut zur Stelle und fragt verwundert: »Ja, wollen Sie denn das alles auch mitnehmen?« Er hatte wohl gedacht, wir kaufen hier nur für die Kamera ein.

Die Gänsekinder haben die ganze Zeit unter meinem Pulli geschlafen. Nur ab und zu kam ein leises, fragendes Piepsen: »Bist du da?«, auf das ich ihnen mit einem leisen Murmeln antwortete.

*9.00 Uhr.* Wir sind wieder zu Hause. Ich setze die Gänschen in ihre Schlafkiste unter die Wärmelampe. Obwohl ich sie mit dem Handtuch zudecke, ahnen sie, daß ich sie allein lassen will, weinen laut und versuchen aus der Kiste zu springen. Also stecke ich sie wieder unter den Pulli, setze mich aufs Sofa, und wir schauen uns auf dem Monitor die Szenen aus dem Supermarkt an.

*10.15 Uhr.* Unter dem Pulli wird's lebendig. Ich gehe hinaus auf die Terrasse und lasse dort die Gänslein hervorkrabbeln. Im Liegen knabbern die fünf an allem, was in Schnabelreichweite liegt oder wächst. Mit Daumen und Zeigefinger deute ich auf Grashälmchen, Klee- und Löwenzahnblättchen in den Ritzen zwischen den Steinplatten und zupfe daran. Sogleich eilen meine »Kinderchen« herbei, scharen sich um meine Hand, legen sich wieder hin und knabbern am Grün. Sie reagieren auf alles, was sich um sie herum bewegt. Vor allem meine schreibende Hand besitzt für sie magische Anziehungskraft. Abwechselnd picken sie nach der weißen Schrift auf dem roten Stift. Der Farbkontrast löst den angeborenen Pickreflex der Küken aus.

*11.00 Uhr.* Ich nutze eine erneute Ruhepause, um die Eier in der Brutglocke zu kon-

*Neugierig knabbern die Gänslein an allem in Schnabelreichweite.*

trollieren. Das sechste ist angepickt und hat einen Sprung in der Eischale. Beim Durchleuchten mit der Schierlampe, einer Speziallampe zum Durchleuchten von Eiern, ist deutlich zu sehen, daß das Küken die Eihaut schon durchstoßen hat und mit dem Schnabel gegen die Schale drückt. Auf mein *wiwiwi* antwortet es mit einem Piepsen. Georg und Bernd heizen den Ofen an und bauen im Arbeitszimmer die Lampen auf. Diesmal wollen sie den Schlüpfvorgang von Anfang an filmen. Ich gehe zurück in den Garten.

*12.30 Uhr.* Ich mache einen ersten Fütterungsversuch mit hartgekochtem Ei, vermischt mit Semmelbrösel. Mit *komm-komm* rufe ich die Gänslein zum Schälchen. Immer wieder tippe ich mit dem Zeigefinger ins Futter. Akka und Mohrle folgen der Bewegung meiner Hand und naschen, wobei sie ihre Köpfchen schütteln. Bei allem, was sie zum ersten Mal probieren, schütteln die Gänsekinder erst einmal den Kopf.

*12.45 Uhr.* Mit leisen Schlaftrillern fordern die Gänsekinder eine Ruhepause. Ich nehme die Küken unter den Pulli und esse mit Günter zu Mittag.

*13.15 Uhr.* Die Gänschen werden erneut aktiv. Ich gehe mit ihnen auf die Wiese hinter dem Haus. Die Krokusse sind schon verblüht, aber das Gras ist noch kurz. Ein gelber Teppich von Schlüsselblumen ziert das Grün. Die Gänslein kosten Blättchen von Klee, Löwenzahn und das feine junge Gras. Mohrle probiert Schlüsselblumen-

*Alle fünf kosten Eifutter.*

*Löwenzahn ist ihre Lieblingsspeise.*

blüte. Sie scheint ihr allerdings nicht sonderlich zu schmecken, denn sie schüttelt sich heftig und spuckt sie wieder aus.

*15.05 Uhr.* Ich wage den ersten größeren Ausflug. *Komm-komm* rufend, gehe ich langsam vor den Küken her zu dem kleinen Teich vor dem Haus. Alle fünf sind jetzt schon so kräftig, daß sie ohne zu stolpern folgen können. Akka und Mohrle überholen mich sogar und laufen voraus. Am Teichrand halten sie kurz inne, gehen dann aber auf mein Locken ohne zu zögern ins Wasser, schwimmen, trinken und sammeln Wasserlinsen von der Wasseroberfläche.

*Meine Hand lockt die vier ins kühle Nass.*

Zehn Minuten später steigen sie wieder an Land, schütteln und putzen sich und kuscheln sich unter Schlaftrillern in meinen Pulli.

*16.30 Uhr.* Die fünf schlummern noch immer. Behutsam lege ich sie in die Schlafkiste, um mir etwas Bewegungsfreiheit zu verschaffen. Nur zwanzig Minuten Verschnaufpause sind mir vergönnt, dann hüpft Mohrle aus der Kiste und macht sich laut rufend auf die Suche nach mir. Ich gehe mit ihr in den Garten. Sie frißt ein wenig gekochtes Ei und knabbert am Grün. Dann schmiegt sie sich in meine Hand und schläft weiter.

*17.50 Uhr.* Akka, Ringelchen, Nela und Rosa werden in der Kiste laut. Ich hole sie in den Garten. Alle fünf scharen sich um den Freßnapf und probieren Ei. Danach folgen sie mir auf die Wiese. Weiter geht's mit Gras, Löwenzahn und Klee.

*18.10 Uhr.* Ruhepause. Nach etwas mehr als einer halben Stunde kommt Mohrle aus dem Pulli hervor. Kurz darauf folgen die anderen.

*19.10 Uhr.* Schlaftriller künden eine neue Ruhepause an. Sie dauert zwanzig Minuten. Dann krabbelt Mohrle wieder voller Tatendrang aus dem Pulli. Rosa und Akka werden angesteckt. Ringelchen und Nela schlafen weiter. Der Erkundungsdrang meiner Gänschen wächst. Akka findet Gefallen an den Erdbeerblättern im Beet vor der Haustür.

*19.45 Uhr.* Rosa äußert als erste wieder Schlaftriller und schlüpft unter. Mohrle und Akka folgen wenig später.

*20.10 Uhr.* Ich setze alle fünf in die Kiste, decke sie mit dem Handtuch zu und schalte die Wärmelampe ein.

Für Georg und Bernd ist der Arbeitstag noch nicht zu Ende. Sie filmen jetzt im Arbeitszimmer das schlüpfende Küken. Am Nachmittag hat es das Atemloch gepickt, doch nun will es nicht weitergehen. Ob ihm das Piepsen der Geschwister als Ansporn fehlt? Wir reden ihm intensiv zu mit *wiwiwi*, und es antwortet auch. Manchmal rollt das Ei im Brutkasten, wenn sich das Küken ein wenig dreht, um mit dem Eizahn eine neue Stelle zu erreichen. Normalerweise unterbrechen Küken nachts ihre Tätigkeit, doch Georg und Bernd trauen dem Frieden nicht und legen eine Nachtschicht ein.

*0.30 Uhr.* Alles unverändert. Ich schicke die beiden in ihr Hotel und schaue selbst immer wieder nach dem Ei.

*Nach dem Bad schütteln sie sich.*

*6.00 Uhr.* Eine ziemlich schlaflose Nacht liegt hinter uns. Das schlüpfende Gänschen ist noch immer nicht weitergekommen. Das siebte Ei ist angepickt.
Ich nehme Mohrle, Akka, Nela, Rosa und Ringelchen unter meinen Schlafanzug zu mir ins Bett und kann so noch bis 7.00 Uhr liegenbleiben.
Günter macht für uns Frühstück, während ich den Gänschen Eifutter zubereite. Jetzt schmeckt es ihnen. Sie fressen eifrig und trillern dabei vor Wohlbehagen.
*7.30 Uhr.* Georg und Bernd treffen ein. Sie widmen sich sogleich dem schlüpfenden Küken, das endlich mit dem Anlegen der Rinne beginnt.

*Dienstag, 26. April*

*Wenn ich meine Gänsekinder zu mir ins Bett nehme, kann ich noch ein paar Minuten liegenbleiben.*

Ich gehe in den Garten. Das Pfeifen des vorbeifahrenden 8.45-Uhr-Zuges fassen die Gänschen als Warnlaut auf und flüchten sich schnurstracks zu mir. Die Fluchtreaktion auf den Warnlaut einer Gans ist den Küken angeboren. Ähnliche Geräusche – in diesem Fall das Pfeifen eines Zuges – können dieselbe Reaktion auslösen, und die Küken suchen Schutz bei Mama Gans.

*8.55 Uhr.* Ich nütze die Ruhepause, um nach dem schlüpfenden Gänslein zu sehen. Die Rinne am stumpfen Eiende ist geschlossen. Das Küken drückt ab und zu gegen die Schale und versucht, die halbkugelförmige Eikappe abzusprengen.

*9.20 Uhr.* Zurück im Haus, empfangen mich laute Rufe des Verlassenseins: *pfüppfüp-pfüp*. Auf mein *komm-komm* rennen mir Mohrle, Akka, Nela, Ringelchen und Rosa entgegen und begrüßen mich freudig trillernd. Als sie meine Abwesenheit bemerkt haben, sind sie offenbar sogleich aus der Schlafkiste gesprungen und haben sich auf die Suche nach ihrer »Mutter« gemacht.

Gemeinsam gehen wir hinaus. Voller Gier fressen sie Eifutter, bis die Kröpfe voll sind. Danach kommt als erstes Mohrle satt und zufrieden zu mir und schlüpft leise trillernd unter meinen Pulli. Die anderen folgen. Ich setze mich auf die Terrasse.

*10.25 Uhr.* Mohrle und Akka wachen auf, Minuten später die anderen. Ich führe meine Gänsekinderschar zum kleinen Teich, wo sie sofort ins Wasser hüpfen und Wasserlinsen fressen. Wieder an Land, putzen sie sich und futtern Gras.

6.00 Uhr.   *Feine Risse kennzeichnen die Anpickstelle.*

7.30 Uhr.   *Mit dem Eizahn drückt das Küken eine Rinne.*

11.25 Uhr.   *Mit aller Kraft stemmt sich ...*

*11.15 Uhr.* Der erste Rangordnungskampf entbrennt. Rosa greift Nela an, packt sie am Schnabel und läßt nicht mehr los. Wie zwei Ringkämpfer drehen sich die beiden im Kreis. Nach wenigen Sekunden ergreift Nela die Flucht. Rosa verfolgt sie. Erneut kommt es zum »Schnabel-Ringkampf«. Nela zieht auch diesmal den kürzeren, schreit laut und sucht bei mir Schutz.

*11.18 Uhr.* Rosa legt sich neben Akka, pickt nach ihr und packt sie kurz darauf am Schnabel. Diesmal gibt es allerdings keinen Kampf, denn Akka steht auf und legt sich woanders hin. Zugleich nähert sich Ringelchen, wird ebenfalls von Rosa gepickt und geht weiter. Das wäre eine tolle Szene geworden, aber immer dann, wenn man eine Kamera braucht, ist gerade keine da. Georg filmt noch immer den Schlüpfvorgang.

*11.25 Uhr.* Ich gebe den Gänschen Eifutter und überlasse sie Günters Obhut, um nach den schlüpfenden Küken zu sehen. Das Gänslein kommt einfach nicht weiter. Ob die Eihaut infolge zu niedriger Luftfeuchtigkeit zu trocken geworden ist und die Kraft des Gänsleins nicht ausreicht, die Kalotte abzusprengen? Wenn die Rinne um den stumpfen Eipol angelegt ist, befreit sich der schlüpfende Jungvogel normalerweise innerhalb von Minuten vollends aus der Eischale. Ich muß Geburtshilfe leisten. Vorsichtig durchschneide ich die Eihaut an der Rinne mit einer Nagelschere. Kaum habe ich sie durchtrennt, drückt das Küken auch schon mit aller Kraft gegen die Schale und sprengt sie ab. Minuten später hat es sich vollends aus dem Ei befreit.

11.27 Uhr.   *... das Gänslein gegen die Eischale ...*

11.30 Uhr   *... sprengt die Kalotte ab ...*

11.40 Uhr.   *... und befreit sich vollends aus dem Ei.*

Mein Eingriff war richtig. Das Küken hat den Dotterrest, die Ernährung seiner ersten 48 Lebensstunden außerhalb des Eis, in den Darm eingezogen. Nur die Nabelschnur verbindet es noch mit der Allantois, der atmenden Eihaut, die neben der Lungenfunktion auch als harnspeichernder Abfallsack gedient hat. Vorsichtig nehme ich das Gänschen in die Hand, nable es ab und lege es zurück in den Brutkasten, damit es sich von den Strapazen des Schlüpfvorgangs erholt.

*11.45 Uhr.*   Eins nach dem anderen hüpfen die Gänsekinder ins Wasser. Plötzlich beginnt Akka zu tauchen. Ihr Geplansche wirkt ansteckend, und im Nu tauchen alle fünf kreuz und quer durch den Teich. In Sekundenschnelle haben sie den Grund aufgewirbelt und den Teich in eine große Schlammpfütze verwandelt. Meine Federbällchen haben nun eher Ähnlichkeit mit »Dreckspatzen«.

*12.00 Uhr.*   Ich nehme sie kurzerhand unter meinen Pulli, bis sie wieder trocken sind, – eine etwas feuchte Angelegenheit, doch solange die Bürzeldrüsen der Gänslein noch kein Fett produzieren, müssen die Daunen durch Reiben im Gefieder der Mutter ihre Imprägnierung erhalten. Bei einer richtigen Muttergans hat dieses Reiben eine doppelte Funktion: zum einen werden die Daunen dabei eingefettet, zum anderen laden sie sich elektrisch auf und werden dadurch wasserabstoßend. Wenigstens in dieser Hinsicht ersetzt mein Wollpulli ganz gut das Gefieder einer Gans.

*13.00 Uhr.*   Ich sitze mit meiner Gänseschar auf der Wiese hinter dem Haus. Günter bringt mir das frisch geschlüpfte Küken Nummer sechs. Ich stecke es unter den Pulli. Es ist ziemlich unruhig, ruft sehr viel, läßt sich schließlich mit *wiwiwi* beruhigen, gräbt seinen Schnabel in meine Achsel und schläft ein. Gott sei Dank ist der Bewegungsdrang der anderen noch nicht allzu groß. Zufrieden knabbern sie an Grashälmchen und Löwenzahnblättchen, während sie um mich herum in der Sonne liegen.

*13.30 Uhr.*   Elisa kommt zu Besuch. Ganz im Gegensatz zu Erwachsenen, die beim Anblick einer Fernsehkamera meist einen starren Blick bekommen, gibt sich das vierjährige Nachbarskind selbstbewußt, ignoriert Kamera samt Kameramann und Assistent, setzt sich zu mir ins Gras und erkundigt sich nach dem Wohlbefinden meiner Gänsekinder. Was die Kleine für ein Gedächtnis hat! Immerhin war Elisa erst zwei Jahre alt, als sie mit den Streifengänsen Freundschaft schloß.

Ich erzähle ihr, daß vor wenigen Stunden das sechste Graugänschen geschlüpft ist und sich nun unter meinem Pulli ausruht, worauf Elisa bemerkt: »Ach, deswegen hast du so einen dicken Bauch!« Als sie erfährt, daß das Gänsekind noch keinen Namen hat, schlägt sie Katharina vor. Da mir der Name für eine Gans ein bißchen lang erscheint,

*Vorsichtig nimmt Elisa ihr Patenkind »Lisa« in die Hand.*

frage ich sie, was sie denn von Lisa hielte, denn so nenne ich die kleine Elisa immer liebevoll. Prompt entgegnet sie »Ich heiße aber Elisa Verena Kubath.« Am Ende ist Elisa doch mit Lisa einverstanden. Mit der brandneuen Nachricht, daß sie jetzt ein Gänschen als Patenkind hat, läuft sie nach Hause.

*14.35 Uhr.* Diesmal eilt mir meine Schar auf dem Weg zum Teich bereits voraus. Die Gänslein gehen sofort ins Wasser und fressen Wasserlinsen. Plötzlich tauchen alle gleichzeitig und rennen dann an Land. Dieses »spielerische Fluchttauchen«, wie es Konrad Lorenz benannt hat, ist gewiß nicht nur Spiel, sondern dient auch dem Üben der Fluchtreaktion auf einen Angriff durch Feinde aus der Luft.

Wieder auf dem Trockenen wird sogleich geputzt. Es ist immer wieder faszinierend zu erleben, wie die Küken ganz von alleine wissen, daß ihr Gefieder trocken und eingefettet sein muß, damit sie auf der Wasseroberfläche schwimmen und nicht untergehen. Probleme haben die Kleinen allerdings noch mit dem Gleichgewicht. So fällt Nela auf den Rücken, als sie sich bemüht, ihre Bauchfedern zu trocknen, während Ringelchen beim selben Versuch auf dem Schnabel landet. Obwohl die Bürzeldrüse noch nicht funktioniert, benutzen die Küken sie bereits angeborenermaßen. Und beim »Flieger«, wie ich das abwechselnde, einseitige Ausstrecken der Beinchen im Stand nenne, strecken die Küken instinktmäßig die Flügelstummel mit, so wie erwachsene Gänse die Flügel.

*15.10 Uhr* Diesmal wird vierzig Minuten geschlafen. Dann kehre ich mit der Gänseschar zum Haus zurück. Vor der Haustür hält Akka inne, um von ihrer »Delikatesse« zu naschen: Erdbeerblätter. Die anderen schauen ihr dabei zu, kosten ebenfalls – und auf einmal liegen alle fünf knabbernd mitten im Erdbeerbeet.

*16.10 Uhr.* Ich nutze die erneute Ruhepause, um mit Günter, Georg und Bernd in unserem »Heimkino« die Kassette mit dem Schlüpfvorgang anzusehen, als Freund Bernhard mit einem riesigen Blumenstrauß hereinplatzt – als Trost fürs ausgefallene Sonntagskaffeekränzchen und als Glückwunsch zu meiner »Mutterschaft«, wie er es ausdrückt. Ich weiß nicht mehr, wer zuerst auf die Idee kam, diese Episode in den Film einzubauen, jedenfalls wird Bernhard zum Mitspieler ernannt und soll die ganze Szene vor der Kamera wiederholen. Da ein Innendreh zu viel technischen Aufwand erfordern würde, verlegen wir die Blumenstraußübergabe kurzerhand ins Freie. Der Wach-Schlaf-Rhythmus der Gänslein erlaubt meist einen ungehinderten Aufbau der Kamera, ohne die Gänsekinder zu stören. Georg und Bernd konnten sich anfangs nur schwer auf den vom regelmäßigen Wechsel zwischen dreißig Minuten dauernden

Wach- und dreißig- oder sechzig Minuten dauernden Schlafpausen bestimmten Arbeitsrhythmus einstellen. Inzwischen kommen die beiden aber ganz gut damit zurecht.

*17.00 Uhr.* Die Gänschen wachen auf. Die Kamera läuft, Klappe 1 – los. Bernhard kommt mit seinem Blumenstrauß. Nach Begrüßung und Dialog lege ich den Strauß auf den Boden, um Bernhard das Gänschen Lisa zu zeigen, als sich Mohrle, Akka, Nela, Ringelchen und Rosa unversehens auf meine Blumen stürzen und an den Blüten knabbern. Ich kann mich vor Lachen kaum halten, während Georg meine heißhungrigen Gänschen filmt anstatt Bernhard und mich. Dann heißt es Klappe 2, und alles nochmal von vorn – fast wie im richtigen Spielfilm. Diesmal klappt der Dialog. Am Ende darf Bernhard für Klappe 3 seinen Part nochmal wiederholen.

*17.20 Uhr.* Die Küken beenden die Szene auf gewohnte Art und schlüpfen zum Schlafen unter meinen Pulli.

*18.10 Uhr.* Die Gänschen schlafen immer noch. Ich setze sie in die Schlafkiste und decke sie mit dem Handtuch zu. Nach ein paar Minuten schleiche ich mich aus dem Zimmer, um nach den restlichen Eiern zu schauen. Das siebte Küken drückt gerade die Rinne. Das achte Ei ist angepickt. Ich nehme eine Brutglocke mit dem schlüpfenden Küken Nummer sieben mit ins Schlafzimmer.

*20.00 Uhr.* Ausgeschlafen. Nacheinander hüpfen alle Gänschen bis auf Lisa aus der Kiste. Sie folgen dem Klang meiner Stimme und kommen zu Günter und mir ins Wohnzimmer. Ich gebe den Großen Eifutter und nehme Lisa unter den Pulli. Satt und zufrieden schlüpfen schließlich auch Mohrle, Akka, Nela, Rosa und Ringelchen unter. Ich behalte alle sechs bei mir, bis ich selbst ins Bett gehe.

*1.30 Uhr.* Ich wache auf. Nela ist aus der Kiste gehüpft und schreit, die anderen liegen auf dem Handtuch. Ich setze Nela zurück und kontrolliere die Brutglocke. Küken Nummer sieben ist geschlüpft und liegt auf dem Rücken in der Glocke. Ich nehme es zusammen mit Lisa unter den Schlafanzug und gehe ins Bett. Kaum ist das Licht aus, rappelt es schon wieder in der Kiste. Diesmal sind Mohrle, Akka und Ringelchen herausgehüpft. In der Kiste tobt ein Kampf zwischen Nela und Rosa, dem sich Nela am Ende mit einem Sprung über den Kistenrand entzieht. Rosa hüpft hinterher und greift zuerst Akka, dann Mohrle an und hält mit dem Schnabel die beiden an den Daunen fest, ohne daß Mohrle oder Akka sich wehren. Schließlich packt Rosa auch noch Ringelchen. Das alles passiert in Sekundenschnelle. Um endlich wieder Ruhe ins Schlafzimmer zu bringen, nehme ich alle unter den Schlafanzug und setze sie erst um 2.00 Uhr wieder zurück in die Kiste.

*Die Gänschen übernehmen die Regie.*

*Mittwoch, 27. April*

*6.15 Uhr.* Eine weitere fast schlaflose Nacht ist vorüber. Ich nehme die beiden Jüngsten – Lisa und Küken Nummer sieben, das ich seines goldfarbenen Daunenkleides wegen Goldi nenne – unter den Schlafanzug und gehe mit den anderen hinaus in den Garten. Heißhungrig stürzen sie sich auf meine Erdbeerpflanzen, weiden Löwenzahn und Gras. Eine Viertelstunde später höre ich den ersten Schlaftriller. Ich setze mich ins Gras. Schnurstracks kommen meine fünf anmarschiert und schlüpfen unter.

»Film-Frühstück«

*8.45 Uhr.* Georg und Bernd haben Kamera und Lampen im Wohnzimmer aufgebaut, um Günter und mir beim Frühstück über die Schulter zu schauen. Die Gänschen sind alle untergeschlüpft, so bleiben uns etwa dreißig Minuten Zeit. Nach der fast schlaflos verbrachten Nacht ist Günters Verstimmung nicht gespielt. Tag und Nacht werden nun die Gänsekinder mein Leben bestimmen. Unser Gespräch über Günters Umzug wäre ohne Kamera sicher nicht anders verlaufen. Er wird in den nächsten Wochen im Büro schlafen.

*9.15 Uhr.* Die Gänschen wollen mitspielen. Eines nach dem anderen klettert aus dem Ausschnitt und hüpft auf den Frühstückstisch. Ein herrlich neues Revier: Mohrle nippt am Kaffee, Akka setzt sich auf die Brezel, und ich habe alle Mühe, mit ernster Miene meinen Satz zu Ende zu bringen. Wieder einmal haben die Gänschen die Regie übernommen. Während ich im Garten bin, geht drinnen die Szene »Günters Auszug« weiter.

*11.00 Uhr.* Das achte Küken ist geschlüpft. Die beiden letzten Eier sind angepickt.

*12.00 Uhr.* Zum ersten Mal laufen auch Lisa und Goldi zusammen mit den anderen hinter mir her. Georg filmt die Szene, dann fährt er mit Bernd auf Erkundungstour für Stimmungs- und Außenaufnahmen. Ein Film kann eben nicht immer nur Gänse zeigen.

*13.30 Uhr.* Das Mittagsschläfchen ist zu Ende. Kaum auf den Beinen, beißt Rosa zuerst Akka, dann Mohrle. Beide weichen aus, worauf Rosa Nela angreift. Ein heftiger Kampf entbrennt. Mit den Schnäbeln ineinander verbissen, die kleinen Flügel gespreizt, versuchen sie einander ganz nach Kampfart erwachsener Gänse mit dem Flügelbug zu treffen. Mit ihren Kinderflügelchen gehen solche Schläge natürlich ins Leere. Beide schreien laut und ziehen so die Aufmerksamkeit der anderen auf sich, die neugierig einen Halbkreis um die Kämpfenden bilden. Diesmal gelingt es mir zwar, die Szene zu fotografieren, doch mein Filmteam ist wieder nicht da.

Diese Kämpfe finden nur in den ersten beiden Lebenswochen statt. Die Küken legen dabei in der Gruppe ihre Rangordnung fest, die man sich als eine Art Leiter vorstellen kann, auf der jedes Gänslein eine Sprosse besetzt hält.

Wenn Konrad Lorenz recht hat mit seiner Behauptung, daß die männlichen Küken einer Schar am aggressivsten sind, müßten Nela und Rosa eigentlich Ganter sein.

Da die meisten Streitereien nachts oder frühmorgens stattfinden, wird es sehr schwierig, wenn nicht gar unmöglich sein, diese Rangordnungskämpfe zu filmen.

*14.30 Uhr.* Günter spielt Babysitter, damit ich zum Einkaufen fahren kann.
*16.30 Uhr.* Als ich nach Hause komme, liegt Günter regungslos auf dem Boden. Die Gänschen haben sich um seinen Kopf gelagert. Da Günter von Anfang an dabei war, akzeptieren sie ihn offenbar als Mutterersatz.
*17.30 Uhr.* Vom Außendreh zurück, bauen Georg und Bernd Kamera und Lampen im Schlafzimmer auf. Heute wollen sie mein Zubettgehen filmen.

*Günter ist für sie fast so etwas wie ein »Gänsevater«.*

*19.30 Uhr.* Die Küken sind wieder aktiv. Ich bereite ihnen Ei mit Semmelbröseln und füttere sie im Zimmer. Lisa und Goldi probieren auch schon. Ihnen muß ich nicht beibringen, Eifutter zu picken, sie schauen es ihren älteren Geschwistern einfach ab. Auch das am Morgen geschlüpfte Küken Nummer acht, das ich Fiddi nenne, setze ich zu seinen Geschwistern. Er ist für sein »Alter« schon recht kräftig und kann sich minutenlang auf den Beinen halten.

Die acht werden langsam satt. Allmählich gehen die Freß- in Schlaftriller über. Die Kamera läuft. Mit *komm-komm* locke ich meine Schar ins Schlafzimmer und eines nach dem anderen hebe ich die Küken in die Kiste neben meinem Bett. Mohrle springt vor lauter Übermut gleich wieder heraus. Schließlich beruhigt es sich aber auch. Vorsichtig decke ich die Gänschen mit dem Handtuch zu und lösche das Licht. In Windeseile bauen Georg und Bernd um. Nun bin ich an der Reihe. Da das trübe Licht der Nachttischlampe zum Filmen bei weitem nicht ausreicht, bleibt eine Filmleuchte im Wohnzimmer, eine zweite kommt in den Nebenraum und eine dritte als Vollmondersatz draußen vors Fenster. Mit der vierten Lampe in der rechten und dem Stecker in der linken Hand balanciert Bernd auf meiner unteren Bettkante. Wenn ich die Nachttischlampe ausknipse, muß er zugleich den Stecker für die Filmlampen ziehen. Nur der »Mond« scheint dann noch durchs Fenster. In dieser Situation ernst zu bleiben, erfordert fast schon schauspielerisches Talent. Wenigstens sind die Gänschen ruhig, ich muß die Szene nur einmal wiederholen, dann ist sie im Kasten und ich im Bett, wo ich gleich bleibe.

## Dienstag, 3. Mai

Heute wecken mich nicht die Gänschen, sondern Regentropfen, die leise, aber stetig aufs Dach trommeln. Ich mag diese Musik, gehört sie doch genauso zum Frühling wie das Zwitschern der Vögel. Noch schlafen die Blättchen der Birken in ihren dikken Knospen, doch der Regen wird sie bald wecken, und der Frühling wird Einzug halten.

*6.00 Uhr.* Für meine Gänsekinder ist es der erste Regen ihres Lebens. Trillernd laufen sie durchs nasse Gras. Im Gegensatz zu mir scheinen sie ihre höchste Feude an dem Naß von oben zu haben, während ich mit Regenschirm und Regenmantel bewaffnet das feuchte Element nicht mehr als ganz so angenehm empfinde wie seine Musik am frühen Morgen im warmen Bett. Schon nach wenigen Minuten sind die Gänschen völlig durchnäßt. So führe ich sie zum Ruhen und Trocknen ins Haus. Doch anstatt sich zu putzen, ziehen die zehn es vor, unter meine Strickjacke zu schlüpfen. Derart meiner Bewegungsfreiheit beraubt, warte ich auf Georg und Bernd, die mir ein Täßchen Kaffee kochen.

*8.30 Uhr.* Wieder draußen, geht's zum kleinen Teich und von dort auf die Nachbarwiese. Fiddi, Rosa, Nela und Akka laufen voraus, bleiben mitten im Johanniskraut stehen und fressen unter Trillern. Die Kleinen schauen ihnen anfangs nur zu, dann probieren auch sie. Der Speisezettel meiner Gänsekinder umfaßt bereits fünfzehn verschiedene Pflanzen. Löwenzahn ist noch immer ihre Lieblingsspeise. Sauerampfer und bald wohl auch Johanniskraut stehen ihm an Beliebtheit aber kaum nach. Ständig wird von neuen Pflanzen genascht, und wenn's schmeckt, werden sie in den Speiseplan aufgenommen. Meine Streifengänse waren dagegen echte Feinschmecker, die sich nahezu ausschließlich von Salat, Klee und Löwenzahn ernährten. Fast bin ich versucht, die Graugänse als die Ziegen unter den Gänsen zu bezeichnen. Alles müssen sie probieren, nicht einmal die Blumen in den Beeten sind vor ihnen sicher. Nur Gänseblümchen rühren sie nicht an. Vielleicht verdankt das Gänseblümchen seinen Namen dem Umstand, daß es anscheinend das einzige Blümchen ist, das auf einer Gänseweide stehen bleibt.

*9.20 Uhr.* Zurück von der Nachbarwiese, folgen mir die Gänslein ins Haus und schlüpfen nach kurzem Putzen wieder unter. Die Älteren haben mittlerweile ihren Eizahn verloren, nur bei Rabe – er heißt so, weil er beim Piepsen so krächzt – und Mini, dem Nesthäkchen, ziert er noch die Schnabelspitze.

*10.15 Uhr.* Ich nutze den Moment unmittelbar nach dem Aufwachen, um die Küken zu wiegen. Mohrle und Akka, die beiden Ältesten, bringen schon 300 Gramm

*Unter meinem Pulli war es für die zehn Gänslein schon etwas eng geworden. Also wurde er durch eine Strickjacke ersetzt.*

auf die Waage. Mini und Rabe, am 28. April geboren und somit nur halb so alt, haben mit 150 Gramm ihr Geburtsgewicht von 80 Gramm fast verdoppelt.

*11.30 Uhr.* Der Regen hört auf. Die Schlaglöcher auf der Straße stehen sicher voll Wasser. Endlich kann ich meinen Kleinen Pfützen zeigen. Auf dem Waldweg führe ich sie zum ersten Mal in Richtung Straße. Die zehn haben es überhaupt nicht eilig. Links und rechts vom Weg gibt's viel zu kosten. Akka und Mohrle probieren die frischen Triebe an den Blaubeersträuchern, beginnen unter Trillern zu fressen, und im Nu tun sich alle zehn an Blaubeerblättchen gütlich. Beim Weitergehen folgen sie mir, angeführt von Fiddi, im Gänsemarsch.

Am Parkplatz angekommen, stürzen sich alle auf die nächstbeste Pfütze und beginnen zu gründeln. Fiddi stampft mit den Füßchen in schnellem Wechsel und wirbelt mit seinem »Wassertreten« den Schlamm richtig auf. Genüßlich schlabbert Fiddi mit dem Schnabel in der Brühe und läßt dabei kleine Steinchen in seinen Muskelmagen wandern. Die anderen tun es ihm nach und trillern vor Wohlbehagen.

Plötzlich stieben alle zehn sternförmig auseinander, tauchen durch die Pfütze und ren-nen mit abgespreizten Flügelchen zur nächsten. Dieses spielerische Fluchtrennen gleicht sehr dem Fluchttauchen im Teich und hat gewiß eine ähnliche Funktion. Danach sind die zehn nicht minder naß als nach dem Regenschauer in der Früh, denn noch immer funktionieren ihre Bürzeldrüsen nicht.

Zurück am Haus fressen sie noch etwas Ei, bevor sie wieder unter meine Jacke schlüpfen. Da es erneut zu regnen beginnt, ist für heute Drehschluß, denn die hochempfindliche Videoelektronik hält einem Dauerregen nicht stand.

Um 6.15 Uhr ist für mich die Nacht zu Ende. Zum Glück steht kein Wölkchen am Himmel, denn heute ist Drehtag. Meine Gänsekinder sind schon am frühen Morgen voll Tatendrang, und so wird es 8.00 Uhr, bis mir Zeit zum Frühstücken bleibt. Nach der Ruhepause verspeisen die Gänschen Ei, und ich nütze die Zeit, meinen Rucksack zu packen. Heute möchte ich zum ersten Mal auf große Wanderschaft zur 400 Meter entfernten Ach. Viel gibt es nicht mitzunehmen, doch ich muß meine Packerei immer wieder unterbrechen, weil ständig ein Gänslein ins Haus kommt, um zu schauen, wo ich bleibe.

*10.00 Uhr.* Endlich treffen Bernd und Georg ein. Es kann losgehen. Meine zehn können es kaum mehr erwarten. Immerzu äußert eines von ihnen den Fortgehlaut, eine vielsilbige Variante des Stimmfühlungslautes *wiwiwi-wiwiwi*, mit dem mir die Gänschen zu verstehen geben, daß sie gern weg möchten. Über die Nebenwiese machen wir uns auf den Weg in Richtung Straße. Zufriedenheit breitet sich aus. Unter Trillern ihr Lieblingsgrünzeug Sauerampfer und Johanniskraut weidend, watscheln die Gänschen voraus. An der Straße angekommen, wird ein paar Minuten lang in einer Schlammpfütze gegründelt, dann folgen sie mir in die Wiese, die sich zum Bach erstreckt. Die Gruppe gibt sich in ihrem neuen Revier recht selbstbewußt und verteilt sich im hohen Gras, um zu weiden. Auf halbem Weg ist Verschnaufpause. Ich setze mich. Schnurstracks kommt die Schar anmarschiert und kuschelt sich an meinen Pulli. Bereits nach einem Viertelstündchen Ruhe geben die Gänslein das Zeichen zum erneuten Aufbruch und marschieren los.

Am Bach blüht schon der Löwenzahn. Gänsekinder inmitten blühenden Löwenzahns – was für ein Motiv! Georg hält die Filmkamera bereit, ich packe den Fotoapparat aus. Allzu leicht vergesse ich, daß nicht wir das Drehbuch schreiben, sondern die Gänse. Georg und ich haben zwar Gänslein und Löwenzahn im Sucher, doch nicht als Stilleben, sondern als heißhungrige Junggänse, die mit ihren Schnäbeln in Windeseile sämtliche gelbe Blüten abrupfen und gierig verschlingen. Innerhalb von Minuten ist der Löwenzahn geköpft, und meine Vielfraße kuscheln sich satt und zufrieden an mich.

Nach einem kurzen Verdauungsschläfchen geht es ans Ufer. Meine Kinderchen machen allerdings keinerlei Anstalten, ins Wasser zu gehen. Also ziehe ich Schuhe und Strümpfe aus und steige ihnen voran in die Ach. Das Wasser ist eiskalt. Nur weil die Kamera auch den Ton aufzeichnet, gebe ich meinen Gefühlen nicht lautstark Ausdruck. Mein Kneipp-Bad beeindruckt die zehn nicht sonderlich. Sie bleiben dicht um mich geschart und scheinen genauso erleichtert wie ich, als wir wieder auf dem Trockenen sind. Wenn ich an meinen ersten Badeausflug mit den Streifengänsen zurückdenke, kommen mir die Graugänse richtig wasserscheu vor.

Wolken ziehen auf. Am frühen Nachmittag machen wir uns auf den Heimweg. Georg marschiert mit der Kamera voran. Er hält sie in Gänsehöhe ganz dicht über dem Boden. Als die Gänslein merken, daß es Richtung Heimat geht, überholt mich eines nach dem anderen. Alle laufen nun vor mir her. Georgs *komm-komm* lockt sie noch zusätzlich, so daß es aussieht, als folgten die zehn der Kamera.

*Es ist keine leichte Aufgabe, den Gänsemarsch aus der Gänseperspektive zu filmen.*

*5.45 Uhr.* Der »Gänsewecker« zwitschert.

Mini und Akka humpeln. Der Tag verspricht alles andere als ein Glückstag zu werden. Im Garten legt sich Mini zum Fressen sogar nieder. Aus Rücksicht auf die kranken Gänschen bleibe ich in Hausnähe. Die ganze Schar ist von Unruhe ergriffen. Fürs eigene Frühstück sind mir kaum zehn Minuten vergönnt. Die Gänslein folgen mir zwar ins Zimmer, doch anstatt zu schlafen, zupfen und zerren sie an allem, was sich in Gänsehals-Reichweite befindet. Nela zerpflückt eine Zeitschrift, Mohrle holt das Protokollbuch vom Sofa und Rabe und Goldi sind von den Laschen und Schnüren am Rucksack fasziniert. Ständig scheppert oder knirscht es irgendwo. Ich habe keine andere Wahl, als meine Tasse zu nehmen und mein Frühstück im Garten fortzusetzen.

Die gesunden Gänsekinder sind übermütig vor Tatendrang. Also führe ich die Schar auf ihre geliebte Sauerampferwiese an der Straße. Mini läßt sich die Strecke unter dem Pulli tragen. Anschließend bringe ich die Gänse auf Frau Geisenbergers Löwenzahnwiese, wo sie sich wie im Paradies fühlen und sämtliche Löwenzahnblüten köpfen. Bruno, der seit dem Streifengänse-Sommer gänseerfahrene, wenn nicht gar gänsegeschädigte Hund der Nachbarin, nimmt es gelassen. Und meine Kinderchen haben ohnehin nichts anderes im Sinn als Löwenzahn.

*11.00 Uhr.* Mini kann überhaupt nicht mehr laufen. Aber Akkas Zustand ist auch nicht viel besser. Auf dem Heimweg muß ich beide tragen. Mini mit seinen 360 und Akka mit ihren 700 Gramm machen zusammen immerhin schon ein volles Kilo Gans. Mit zwei kranken Gänsen bin ich an die Nähe des Hauses gebunden. Ich rufe den Tierarzt an. Um 15.00 Uhr kann ich kommen. Ich brauche also einen »Babysitter« für die restlichen acht. Da ich Günter nicht erreiche, springt Vati ein, der zufällig zu Hause ist.

*15.00 Uhr.* Es beginnt zu regnen, die Schar drängt zum Schlafen ins Zimmer. Vati kommt, und mit dem Rat, immerzu *wiwiwi* zu murmeln, lasse ich ihn mit meinen acht schlummernden Gänsen allein. Während der Autofahrt sitzen Akka und Mini ganz ruhig auf meinem Schoß. Die Diagnose des Tierarztes: Beide Gänse haben eine Lähmung am rechten Fuß. Sein Rat: Die Gänse absolut ruhig halten und ihnen Vitamin B geben.

Bei meiner Rückkehr empfängt mich ein völlig aufgelöster Papa, der Verzweiflung nahe. Meine Kinderchen begrüßen mich überschwenglich. Papa erzählt: »Kaum war die Tür hinter dir zu, sind deine Gänslein auch schon aufgesprungen und

*Freitag, 13. Mai*

*Eine schnabelgerechte »Eimerwiese« ist auch für gesunde Gänse verlockend.*

haben laut zu weinen angefangen. Mein *wiwiwi* hat überhaupt nichts genützt. Ich hab's gesummt und gesungen, aber sie waren durch nichts zu beruhigen. Sie sind ins Schlafzimmer und in die Küche gelaufen und haben dich überall verzweifelt gesucht. Gott sei Dank haben sie schließlich deine Schuhe entdeckt und sich in einem großen Knäuel draufgelegt.«

*16.00 Uhr.* Ich hocke mich mit Akka und Mini auf dem Schoß in die Wiese und füttere die beiden mit Klee und Löwenzahn, während sich die anderen im Garten tummeln.

Gegen Abend bringt mir Frau Geisenberger, als sie von der Krankheit meiner beiden Gänse hört, einen Eimer voll frischgemähtem Gras mit Löwenzahn. Ich setze mich mit Akka und Mini auf die Bank vor dem Haus und füttere sie aus der Hand.

Rabe erblickt den Eimer mit den verlockenden gelben Blüten als erster. Klein wie er ist, hüpft er wie ein Gummibällchen vor der Bank in die Höhe, um etwas von dem verlockenden Grünzeug zu erwischen. Rasch bekommen auch die anderen spitz, daß da ein ganzer Eimer voll herrlich schnabelgerechter Wiese steht. Am Ende spielen acht gesunde Gänse vor mir »krank« in der Hoffnung, ebenfalls aus der Hand gefüttert zu werden. Doch ich habe nicht so viele Hände, wie sich mir gierige Schnäbel entgegenrecken. Also nehme ich für meine Patienten einen Teil heraus und stelle den Eimer mit dem Rest auf die Wiese. Im Nu sind Mohrle, Nela, Rosa, Ringelchen, Lisa, Goldi, Fiddi und Rabe da und zupfen sich trillernd die schnabelgerechten Bissen aus dem Grün. Rabe hat es als Kleinster nicht leicht, sich gegen die Großen durchzusetzen. Zum Glück kann er gut hüpfen, das gleicht den Nachteil wieder aus. Sekunden später sitzt er mitten im Eimer und frißt sich ungestört satt. Trotz meiner Sorgen um Akka und Mini muß ich über die acht Simulanten herzlich lachen.

## Sonntag, 22. Mai

Heute ist Pfingstsonntag und daher eigentlich kein Drehtag. Aber Gänse richten sich nun einmal weder nach gesetzlichen Feiertagen noch nach Drehplänen. Und so fährt Georg mit seiner Frau anstatt nach Florenz nach Füssen, denn seit gestern ist die Hälfte meiner Gänsekinder krank – ein Ereignis, das leider auch zum Gänsedasein gehört und daher im Film festgehalten werden muß.

Akka und Mini können zwar wieder laufen, müssen aber noch immer zusätzlich aus der Hand gefüttert werden, damit sie ihr durch die Krankheit bedingtes Untergewicht wieder ausgleichen. Die beiden haben seit Freitag dem 13. kein Gramm zugenommen, während ihre gleichaltrigen Geschwister schon fast das Doppelte wiegen. Zudem haben Mohrle, Rosa und Goldi eine Augenentzündung, die mit Antibiotika behandelt werden muß. Bei so vielen Patienten hat der Tierarzt angeboten zu kommen – eine unverhoffte, aber willkommene Abwechslung für den Film.

*5.15 Uhr.* Aufstehen. Das Thermometer zeigt Null Grad. Vom Bach her steigt Nebel auf. Rauhreif schlägt sich auf den Wiesen und den Blättern der Bäume nieder. So ungern ich auch das warme Bett verlassen habe, so sehr genieße ich jetzt die frühe Morgenstunde, atme tief den Duft des Waldes ein, lausche dem Gesang der Vögel, höre das Trommeln des Spechts und freue mich an den ersten wärmenden Sonnenstrahlen.

Unterwegs ruhen wir uns auf einer Waldlichtung aus. Die Gänse klettern mir auf Bauch und Beine, wo sie sich eng aneinanderkuscheln. Ein höchst angenehmes Gefühl, bei diesen Temperaturen von lebendigen Federkißchen gewärmt zu werden.

*9.00 Uhr.* Auf dem Rückweg zum Haus läuft mir meine Schar voraus. Eifutter und frische Weizenkeimlinge erwarten sie zum Frühstück, während ich mich an einer Tasse Kaffee wärme.

Den Rest des Vormittags verbringen wir am großen Moorteich. Die niedrigen Temperaturen halten meine Gänse keineswegs davon ab, ins Wasser zu hüpfen, zu baden und zu tauchen. Sie gründeln munter im Uferschlamm, recken ihre Hälschen nach den Samenständen der Teichsegge und knabbern an frischen Trieben von Schwertlilie und Rohrkolben. Eine Stunde lang bleiben sie im Wasser, dann putzen sie sich, fetten sich ein und ruhen. Akka kann inzwischen zwar wieder laufen, doch ist die Lähmung nun auf den Hals übergegangen. Sie erreicht mit dem Schnabel ihre Bürzeldrüse nicht, die inzwischen bei allen Gänsen funktioniert. Dennoch versucht sie es immer wieder, wobei sie laut schreiend rückwärts läuft. Ich kann es kaum mit ansehen und nehme Akka zu mir auf den Schoß. Während sie mit dem Schnabel

*Auf der Rückkehr vom Morgenspaziergang läuft mir die Schar voraus.*

*Kikki verwöhnt die kranken Gänsekinder mit Löwenzahn.*

das Wasser aus den Daunen entfernt, betätige ich mit meinen Fingern die Bürzeldrüse und reibe ihr das Fett auf den Schnabel – eine Hilfe, die eine echte Gänsemutter nicht geben könnte.

*15.00 Uhr.* Georg und seine Frau treffen ein. Wir wählen den kleinen Teich als Drehort für die Arztszene, und ich ziehe mit meiner Schar dorthin. Mutti und Vati versorgen uns mit Kaffee und Kuchen.

*16.00 Uhr.* Der Tierarzt kommt. Er bringt seine Familie gleich mit. Schließlich hat er nicht alle Tage Gänse als Patienten. Seine drei Töchter sind von meinen Kinderchen begeistert.

Wer mich an Drehtagen besucht, läuft Gefahr, gleich als Mitakteur oder Assistent verpflichtet zu werden. So wird auch die Tierarztfamilie voll eingespannt. Die Mädchen dürfen ihrem Papa helfen, die Mama wird hinter den Kulissen eingesetzt und hält den Aufhellschirm, während Georgs Frau als Toningenieur fungiert.

Mohrle, Rosa und Goldi bekommen Antibiotika in die Schenkel gespritzt, Akka und Mini erhalten eine Aufbauspritze. Anschließend hinken alle fünf. Rosa jammert und will getragen werden, doch auch die anderen, allen voran Akka, verlangen danach. Da ich aber nicht mehr als zwei Gänse auf einmal tragen kann, heißt es für den Rest des Tages beim Haus bleiben. Ich setze die fünf Fußkranken auf den Frühbeetkasten, wo Kikki, die jüngste Tochter des Tierarztes, sie mit Löwenzahn und Weizen füttert. Sonja und Sabine geben den Gesunden frisch gekeimten Weizen, der inzwischen zur Lieblingsspeise der Gänschen aufgerückt ist. Eine wilde Schlacht entbrennt um die Weizenbällchen. Nela und Rabe schleudern sie wie Fußbälle durch die Luft, Lisa rennt dazwischen und schnappt sie sich. Wenn's ums Fressen geht, kennen Gänse keine Rücksicht.

*Gegen ihre Augenentzündung bekommt Goldi ein Antibiotikum gespritzt.*

**Mittwoch, 25. Mai**

*5.30 Uhr.* Aufstehen.
Nach unserem einstündigen, inzwischen zur Gewohnheit gewordenen Weideausflug ruhen die Gänse im Zimmer oder bleiben in der Nähe des Hauses. So finde ich Zeit, meinen Rucksack für die heutige Tageswanderung zu packen. Wir wollen an der Ach drehen. Georg hat sich eine Unterwasserkamera besorgt, um bei meinem ersten Schwimmausflug über und unter Wasser filmen zu können.

*Georg geht mit der Kamera auf Tauchstation.*

*9.15 Uhr.* Im Gänsemarsch ziehen wir los. Auf dem Waldweg überholt mich meine Schar und läuft voraus. Nela hat die Führung übernommen. An der Straße angekommen, löse ich sie wieder ab und führe meine zehn am Waldrand entlang zum Bach. Wie schon beim ersten Ausflug erweisen sich meine Gänse als äußerst wasserscheu. Sie weiden und ruhen lieber auf der Wiese, als ohne mich ins Wasser zu gehen. Es wird 10.30 Uhr, bis Georg und Bernd eintreffen. Nach meinen Kneipp-Kuren mit den Streifengänsen habe ich mir für meinen zweiten Gänsesommer einen Neoprenanzug geleistet. Er gibt mir das herrliche Gefühl, fast genauso wasserfest zu sein wie meine gefiederten Kinderchen.

Georg bezieht im Bach Stellung. Kamera läuft. Dicht um meine Füße gedrängt folgen mir die Gänslein ins kühle Naß. Ich schwimme langsam bachaufwärts. Ängstlich scharen sich die zehn zunächst um meinen Kopf, doch bereits nach wenigen Minuten ist alle Furcht vergessen. Sie beginnen zu tauchen, schnellen wie Korken an die Wasseroberfläche zurück, rennen übers Wasser, tauchen kopfüber wieder ab und nehmen Besitz von der ganzen Breite des Bachs. Der einzige Nachteil dieser Badeorgie ist, daß der Untergrund so sehr aufgewirbelt wird, daß Georg anstatt der Gänse nur eine trübe Brühe vor die Linse seiner Unterwasserkamera bekommt. Mein Neoprenanzug hingegen besteht seine Bewährungsprobe: mir ist fast so wohl wie meinen Gänsen.

Nach einer Stunde beende ich unser Bad und steige ans Ufer. Nach einem Mittagsschläfchen im Schatten führe ich meine Gänse bachabwärts. Während sie sich von der Strömung treiben lassen, laufe ich am Ufer neben ihnen her. Doch schon bei der nächsten Ausstiegsmöglichkeit kommen sie wieder an Land und folgen mir zu Fuß. Das fließende Naß ist ihnen wohl noch nicht ganz geheuer. Lieber nehmen sie die Anstrengungen eines Fußmarschs in Kauf, als von mir getrennt zu sein. Wieder muß ich unwillkürlich an meinen ersten Gänsesommer denken: wie unabhängig und selbständig waren doch die Streifengänse dagegen. Nie hätte ich gedacht, daß Graugänse so anders sind. Gans ist eben nicht gleich Gans. Auch ich muß noch einiges lernen.

Am Spätnachmittag machen wir uns wieder auf den Nachhauseweg. Ich beschließe den Tag in der warmen Abendsonne auf der Nachbarwiese, die Gänslein um mich geschart, und halte die heutigen Erlebnisse im Tagebuch fest.

*18.00 Uhr.* Martin kommt zu Besuch. Wie viele meiner Freunde, wird auch er ein Opfer des Kameramanns. Georg möchte filmisch zeigen, was die Verhaltensforschung Prägung nennt, nämlich daß die Gänslein nur denjenigen als Mutter akzeptieren, den sie von ihrer ersten Lebensstunde an kennen und der von da an ständig bei ihnen und für sie da ist. Nestflüchter wie Gänse müssen erst lernen, wer ihre Mutter ist. Nimmt ein Mensch diese Stelle ein, so ist es anfangs die Farbe der Kleidung, nach wenigen Tagen auch die Stimme, an der die Küken ihre Ziehmutter erkennen. Martin soll nun versuchen, meine Gänsekinder mit *komm-komm*-Rufen von mir wegzulocken.

Die Kamera läuft. Martin entfernt sich unter *komm-komm*-Rufen. Die Gänslein horchen auf, als sie den vertrauten Locklaut hören, zögern, dann stehen sie auf und folgen Martin. Nach ein paar Schritten bleiben sie unschlüssig stehen, drehen sich um, schauen zu mir. Ich sage nur *wiwiwi*, und schon kehren sie eiligst zu mir zurück und lassen sich wieder bei mir nieder. Ein zweiter Versuch zeigt denselben Verlauf.

*19.30 Uhr.* Der Tag neigt sich dem Ende. Während die Gänse frische Weizenkeimlinge und Weizenschrot verspeisen, hilft mir Günter, das kleine Gästezimmer »gänsefest« zu machen. Wir bedecken den Boden und verkleiden die Wände mit Reisstrohmatten. Darüber kommen mehrere Lagen unbedruckten Zeitungspapiers. Die Gänse sollen ihr neues Nachtquartier schon heute beziehen. An die Tür zum Schlafzimmer kommt ein Vorhang, damit sie mich hören können, denn immer noch stellen sie auch in der Nacht die alles entscheidende Frage *wiwi-wiwi* – »wo bist du?« Mittlerweile murmle ich meine Antwort automatisch im Halbschlaf.

*20.00 Uhr.* Auf mein *komm-komm* folgen mir die Gänschen brav in ihr »Kinderzimmer«. Günter schließt hinter mir den Vorhang, und ich setze mich zu den Gänsen auf den Boden. Zuerst putzen sie sich noch fleißig, dann klettern mir Ringelchen, Akka und Fiddi auf die Beine und legen sich schlafen. Der Rest schart sich um mich. Nach einem Viertelstündchen setze ich die drei zu ihren Geschwistern auf den Boden und schleiche mich ins Wohnzimmer, wo Günter auf mich wartet, um noch eine Weile mit mir zu plauschen. Ab und zu beruhige ich meine Gänschen nebenan mit einem *wiwiwi*. Es ist der erste freie Abend seit vier Wochen. Ein wenig genieße ich meine wiedergewonnene Freiheit schon.

Der Tag beginnt wie üblich um 5.30 Uhr. Während der Vormittag wie gewohnt verläuft, sind Papa, Georg und Bernd damit beschäftigt, meine »Ente« gänse- und fernsehgerecht umzubauen. Eine Autofahrt mit zehn Graugänsen auf dem Beifahrersitz ist schlicht unmöglich. Der Vordersitz wird also aus- und stattdessen ein Pappkarton eingebaut. Gänse sind schließlich schlechte Futterverwerter und lassen alle Viertelstunde etwas fallen. Bei zehn Gänsen kommt da schon so einiges zusammen. In meinem »Cabriolet« ist für Georg samt Kamera gerade noch auf dem Rücksitz Platz.

*11.00 Uhr.* Film läuft: Auf dem Parkplatz an der Straße angekommen, lade ich ein Gänslein nach dem anderen ins Auto. Vati treibt sie zu mir hin. Sobald das erste im Auto ist, kann ich nicht mehr von der Tür weg, da es sonst wieder herausspringt. Wie ein Wunder klappt das Einladen auf Anhieb. Etwas aufgeregt sind die zehn aber schon. Mit hochgereckten Hälschen beäugen sie verwundert die ungewohnte Umgebung. Als ich die Autotür schließe, werden die Hälschen noch ein Stück länger, denn sie sehen mich nicht mehr. Doch bevor das große Geschrei losgeht, habe ich schon neben ihnen auf dem Fahrersitz Platz genommen.

Im Schrittempo geht es bis zum Bahnübergang, wo ich halte und auf Georg warte, damit er nach dem Filmen von Gänseverladung und Abfahrt zusteigen kann. Eine Hand am Lenkrad, die andere bei den Gänschen im Karton, geht es auf Nebenstraßen in Richtung Hopfensee. Schon nach wenigen Minuten haben sich die Gänse an die neue

*Donnerstag, 26. Mai*

*Drohend nähert sich Herr Schwan.*    *Mit Steinen versuche ich ihn auf Distanz zu halten.*    *Die Gefahr ist vorüber.*

Umgebung gewöhnt und legen sich hin. Kurz bevor wir das Seeufer erreichen, steigt Georg aus, um meine Ankunft zu filmen. Kaum ist er mit der Kamera in Stellung gegangen, bleibt eine Reihe Schaulustiger stehen. Unter den Blicken der Zuschauer lasse ich meine Gänsekinder aussteigen und führe sie zum Seeufer. Noch nie haben sie eine so große Wasserfläche gesehen. Ich schlüpfe in meine Neopren-Haut und steige meiner Schar voran ins Wasser. Welch herrliches Gefühl, mit den Gänsen in einem richtigen See schwimmen zu gehen!

Doch die Freude ist nur kurz. Eine hohe Bugwelle vor sich herschiebend, das Rückengefieder drohend gespreizt, nähert sich Herr Schwan. Nicht ich bin das Ziel seines Angriffs, es sind die Gänsekinder. Ich bemühe mich, ihn mit Wasserspritzen zu verscheuchen, doch beeindruckt ihn das nicht im geringsten. Geschickt versucht er, die Gänslein von mir zu trennen, was ihm auch gelingt. Verzweifelt rufe ich sie, stoße Warnlaute aus. Die Gänschen sind in Lebensgefahr. Wenn der Schwan eines erwischt, wird er es umbringen. In letzter Verzweiflung hole ich Steine vom Seeboden und werfe sie nach dem Schwan. Bei meiner Treffsicherheit stört ihn das Wasserplatschen allerdings nur wenig. Immerhin läßt er einen Moment von der Verfolgung ab, so daß die Gänschen eilends zu mir zurückkehren können. Während wir uns langsam ans Seeufer zurückziehen, kommt uns Gerald mit dem Tretboot zu Hilfe und drängt den Schwan ab. Eigentlich war das Tretboot ja nicht zum Einsatz gegen Schwäne gedacht, sondern als schwimmende Plattform für Georgs Dreharbeiten. Nachdem wir in Sicherheit sind, geht es ohne Zwischenfälle weiter wie geplant. Dann schwimme ich mit meiner Schar zum Ufer zurück, wo wir uns an einem schattigen Plätzchen von den Aufregungen der vergangenen Stunde ausruhen. Eine »Schwanenschlacht« hatte nun wirklich nicht im Drehbuch gestanden. Ich bin mir aber fast sicher, daß viele der Schaulustigen glaubten, hier sei ein findiger Regisseur am Werk gewesen.

*Durch ihre Krankheit ist Akka zum anhänglichsten meiner Gänsekinder geworden.*

*Freitag, 3. Juni*

*5.20 Uhr.* Ich hatte gehofft, die Gänse würden in ihrem eigenen, abgedunkelten Zimmer etwas länger schlafen. Doch den Gänsekindern geht es nicht anders als mir. Unsere innere Uhr weckt uns auch weiter zur gewohnten Zeit. Reagiere ich nicht auf ihr lautes, forderndes *wiwi-wiwi*, werden sie »schnabelgreiflich«, knabbern und zerren an den Strohmatten und klopfen gegen die Holzwand. Also gebe ich nach, bevor sie alles demolieren. Kaum habe ich Vorhang und Haustür geöffnet, stürzen sie hinaus in den Garten.

Von Tag zu Tag werden die Gänslein selbständiger. Ob Mohrle, Akka, Nela, Rosa, Ringelchen, Lisa, Goldi, Fiddi, Rabe und Mini schon eine Weile allein im Garten bleiben können, während ich nochmal ins warme Bett schlüpfe?

*5.50 Uhr.* Es zupft und zerrt an Bettuch und Bettdecke. Zehn Gänseschnäbel tun ihr möglichstes, um mich zu wecken.

Der Preis für eine halbe Stunde mehr Schlaf ist hoch. Meine lieben Gänschen haben den unbewachten Augenblick genutzt, drei Rosenstöcke auszugraben und bis auf die Wurzeln abzunagen. Damit ist nun auch der letzte Rest Garten-»Kultur« beseitigt. Die einzigen Blumen, die von den zehn gierigen Gänseschnäbeln noch immer verschont werden, sind die Gänseblümchen.

*6.00 Uhr.* Nebelschwaden wabern über den Wiesen, und von den Pfützen steigen kleine weiße Dampfwölkchen auf. Im ersten Licht der Morgensonne machen wir uns auf den Weg zu Geisenbergers Garten.

*7.00 Uhr.* Ruhepause. Ich lege mich zu den Gänsen auf die Wiese. Akka klettert auf mich und kuschelt sich an mein Gesicht. Die anderen lagern sich rund um mich ins Gras.

*9.30 Uhr.* Gemeinsam wandern wir zur Ach. Die Gänsekinder sind nun schon so selbständig, daß sie mir vorauslaufen.

*11.00 Uhr.* Nela und Rosa machen sich auf den Weg zum Bach – eine Aufforderung zum Baden für uns alle.

Dank meines Neoprenanzugs macht mir die nach einigen Regentagen recht niedrige Wassertemperatur fast gar nichts aus. Es ist vielmehr ein Riesenspaß, das übermütige Planschen, Tauchen und flügelschlagende Rennen der Gänse über die Wasserfläche mitzuerleben.

Der Wasserstand der Ach ist so hoch, daß die Gänse trotz ihrer langen Hälse nicht bis an ihre Leibspeisen Laichkraut und Wasserpest hinabreichen, aber zum Glück haben sie ja eine menschliche Ziehmutter, die mit ihren Armen zum Grund des

Bachs langt und ihnen die Delikatessen heraufholt. Ich kann gar nicht so schnell für Nachschub sorgen, wie die Gänse mir die Pflanzen aus der Hand reißen und gierig verschlingen.

Mittagszeit – Picknickzeit. Ich packe meine eigenen mitgebrachten Leckerbissen aus dem Rucksack und genieße, die ruhenden Gänslein um mich geschart, so recht mein Gänsemutterdasein. Was gibt es Schöneres, als inmitten einer blühenden Wiese, begleitet vom Gesumm der Bienen und dem leisen Murmeln eines Bachs Picknick zu machen? Als einziges der Gänsekinder steht Lisa erwartungsvoll neben mir, bereit, mir auf den Schoß zu klettern, sobald ich die belegten Brote ausgepackt habe. Sie kostet nur zu gern von meinem Essen, liebt Brot über alles, verschmäht aber auch Kuchen nicht. Damit macht sie fast schon ihrer menschlichen Patentante Elisa Konkurrenz, die zufällig immer dann zu Besuch kommt, wenn's gerade Leckereien gibt. Goldi hingegen ist eine richtige Kaffeetante. Sie bevorzugt den flüssigen Teil meines Speisezettels. Mit Vorliebe trinkt sie in unbewachten Augenblicken aus meiner Kaffeetasse, doch auch Limonade hat es ihr angetan.

Wir verbringen den ganzen Nachmittag mit Baden und Ruhen, unterbrochen von kurzen Weidegängen.

Erst um 20.00 Uhr sind wir wieder zu Hause.

*Die Gänsekinder machen sich auf den Weg zum Bach.*

*Alles wird beknabbert – auch meine Zehen.*

*Vom Grund des Bachs hole ich Wasserpest und Laichkraut.*

*Nebel liegt über dem Bach und auf den Gräsern sammelt sich Rauhreif.*

Der Morgenspaziergang führt uns zur Ach. Nach vier Tagen Regen scheint endlich wieder die Sonne. Es nebelt am Bach, und auf den Gräsern sammelt sich Rauhreif. Es ist die Zeit der Schafskälte, wie die Bauern sagen. Die Gänse weiden am Ufer, während drüben am Waldrand ein Hirsch auf die Lichtung tritt.

Auf dem Heimweg statten wir noch der Löwenzahnwiese in Geisenbergers Garten einen Besuch ab. Noch immer zählt Löwenzahn zur Lieblingsspeise der Gänsekinder. Allerdings fressen sie inzwischen nicht mehr nur die Blüten, sondern verspeisen die Stengel gleich mit. Ritsch-ratsch, ritsch-ratsch, blitzschnell zerkleinern sie sie mit ihren Schnäbeln wie in einer Häckselmaschine. Es klingt fast wie Holzfäller im Wald, wenn zehn Gänse in einer Löwenzahnwiese »Stengelfäller« spielen.

*9.00 Uhr.* Wieder zu Hause, nütze ich die Ruhepause zum Rucksackpacken. Begleitet von der Kamera, steht heute der erste große Ausflug zu Fuß zum Hopfensee auf dem Programm. Die Zeit des Fliegens naht: seit vier Tagen üben Nela, Rosa, Ringelchen und Mohrle flügelschlagendes Hüpfen. Wild mit den Flügeln rudernd rennen sie durch die Gegend. Das Gehopse wirkt ansteckend, bald werden alle zehn vom Drang zum Fliegen gepackt werden. Für mich ist jetzt jeder Tag kostbar, an dem mir die Gänsekinder noch zu Fuß folgen. Bevor sie sich den Luftraum erobern, muß ich sie mit der näheren Umgebung vertraut gemacht haben, damit sie sich, wenn ich ihnen nicht mehr folgen kann, auch alleine zurechtfinden.

*10.30 Uhr.* Georg und Bernd treffen ein. Es kann losgehen. Ich führe die Gänseschar an der Ach entlang zur Bahnbrücke. Ohne zu zögern folgen sie mir und hüpfen über die Entwässerungsgräben. Am Bahndamm angekommen, führe ich die Gänse unter die Brücke, schleiche mich rasch die Böschung hinauf, renne über die Gleise auf die andere Seite der Ach und locke sie vom gegenüberliegenden Ufer aus. Sogleich hüpfen sie ins Wasser, paddeln zu mir herüber und grüßen mich freudig, als sie das Ufer erreichen. Auf der nahen Wollgraswiese halten wir Rast. Obwohl sie sich nun nicht mehr in ihrem vertrauten Revier befinden, trillern die Gänschen zufrieden vor sich hin und kosten von dem neuen Pflanzenangebot.

Weiter geht es querfeldein über die Wiesen den Hügel hinauf in Richtung Hopfensee. Plötzlich merken die zehn, daß ich sie von der Heimat weg in unbekanntes Gebiet führen will, und treten in Streik. Erneut halten wir Rast und warten auf Georg und Bernd. Von drei »menschlichen Gänsen« beschützt, fühlen sich die Gänsekinder sicherer. Durch die Prägung sind wir ja zu Artgenossen geworden. So schaffen wir es, die Schar durch ständige *komm-komm*-Rufe hinter uns herzulocken.

*Graugänse begegnen neuen Dingen äußerst argwöhnisch.*

Die Hauptstraße überqueren wir im Lauf. Dann kommen gemähte Wiesen. Nach zweieinhalb Stunden erreichen wir endlich das kleine Bootshaus, wo meine Freundin Elke mit dem Kajak wartet. Während Georg und Bernd im nahen Gasthaus zu Mittag essen, tun sich meine Kinderchen an Löwenzahn und Klee gütlich.

*14.00 Uhr.* Elke und ich setzen den Kajak am Bootssteg ins Wasser. Die Gänsekinder haben vor dem gelben Ungetüm eine solche Angst, daß sie ins dichte Schilf flüchten. Lange muß ich rufen und locken, bis sie sich ins offene Wasser wagen und mir in großem Abstand auf den See folgen. Wieder einmal mache ich die Erfahrung, daß Graugänse ganz anders auf ungewohnte Situationen reagieren als Streifengänse. Doch plötzlich ist alle Scheu vorüber, und alle zehn rennen flügelschlagend auf den See hinaus, tauchen, baden und ergreifen von der Wasserfläche Besitz. Der Bann ist gebrochen. Mit meinem Kajak paddle ich am Schilfgürtel entlang und mache sie mit ihrem neuen Revier vertraut. Beendet wird die Rundfahrt mit einer großen Badeorgie. Wieder an Land, fressen sie gierig Klee und Löwenzahn.

Während für das Filmteam die Arbeit zu Ende ist, steht mir noch der Heimweg bevor. Nach erneuter Ruhepause brechen wir auf. Wir sind noch nicht weit gekommen, als uns ein Regenschauer überrascht. Mitten auf der Wiese spanne ich mein Regendach auf, während die Gänschen weiden. Glücklicherweise währt der Schauer nur kurz. Doch obwohl ich dank Schirm oben einigermaßen trocken geblieben bin, hat mich der Gang durch die regennasse Wiese untenherum völlig durchnäßt. Neidisch blicke ich auf das wasserabstoßende Federkleid meiner Schützlinge.

Zwei Stunden später sind wir wieder zu Hause.

*Im hohen Gras der Streuwiese fürchten sich die Gänse und sichern mit langgestreckten Hälsen.*

*Ob Sonne oder Regen ist den Gänsen egal. Nur vor einem Gewitter fürchten sie sich.*

*5.00 Uhr.* Seit den letzten Dreharbeiten verging kein Tag ohne Regen. Wie auf Bestellung schiebt heute die Sonne die Regenwolken beiseite und durchbricht die grauen Nebelschwaden über den Wiesen. Langsam löst sich der Nebel auf. Regen und morgendliche Kälte sind rasch vergessen.

Meine Gänse haben weniger Sinn für Romantik, schließlich knurrt ihnen der Magen. Also geht's in Geisenbergers Garten auf die Weide. Der Wiesentisch ist immer noch reichlich gedeckt. Auf dem Heimweg machen wir Halt am großen Teich. Hier findet eine neue Delikatesse Aufnahme in den Gänse-Speiseplan: Wurzeln. Mit aller Kraft drehen und wenden, ziehen und zerren meine Lieblinge sie mit ihren mittlerweile schon recht kräftigen Schnäbeln aus Moorboden und Teichrand. Gierig stopfen sie sich voll. Sie scheinen unersättlich. Wenn sich ihre bis zum Schnabel gefüllte Speiseröhre wie eine Wurst am Hals entlangwölbt, könnte man fast meinen, sie mästeten sich selbst. Gänse sind schlechte Futterverwerter. Ihr Muskelmagen zerreibt zwar mit Hilfe von Magensteinen die zellulosehaltige Nahrung, doch bleiben dabei noch immer etwa 60 Prozent der Nährstoffe ungenützt.

Daß sich meine fünf Wochen alten Junggänse in regelrechte Vielfraße verwandelt haben, liegt aber in erster Linie daran, daß sie sich in vollem Wachstum befinden. Der Federwechsel, bei dem das Jugendgefieder die Daunen ersetzt, vor allem aber das Wachstum der Schwungfedern, verbraucht eine Menge Energie.

*11.30 Uhr.* Georg und Bernd treffen ein. Auch Regisseur Wolf ist heute wieder dabei. Gemeinsam machen wir uns auf den Weg zur Ach. Kurz darauf kommt auch Günter. Es ist der letzte Tag, den wir gemeinsam mit den Graugänsen verbringen. Morgen fliegt Günter nach Südamerika. Erst in drei Monaten, wenn meine Gänsekinder erwachsen sind, werde ich ihm nach Chile folgen.

*13.30 Uhr.* Stets auf der Suche nach neuen Blickwinkeln, haben sich Georg, Bernd und Wolf auf der nahen Bahnbrücke postiert. Ich soll mit den Gänsen im Gefolge bachabwärts auf die Kamera zuschwimmen. Den Gänsen gefällt der Ausflug nicht zuletzt deshalb, weil sie kurz vor der Brücke eine Stelle mit Laichkraut entdecken.

Für den späteren Nachmittag steht Drachensteigen auf dem Programm. Mit Hilfe eines Drachens, auf dem das Bild eines Raubvogels aufgedruckt ist, wollen wir das angeborene Schreck- bzw. Abwehrverhalten der Graugänse filmen. Schon die bloße Silhouette eines Raubvogels kann die Reaktion auslösen.

Als am Himmel der Raubvogeldrachen erscheint, scharen sich die Gänslein zu einem dichten Pulk. Der Drachen geht tiefer. Sofort zischen und fauchen sie mit offenen

Schnäbeln und breiten die Flügel in Angriffsstellung aus. Es ist die eindeutige Schreckreaktion. Das Experiment ist gelungen.

In freier Wildbahn halten Gänseeltern, die Junge führen, Abstand voneinander. Das Erscheinen eines Feindes in der Luft führt jedoch dazu, daß sich die Altgänse in einem dichten Pulk um die Jungen drängen, um sie auf diese Weise vor einem Angriff zu schützen.

*Als der Raubvogeldrachen erscheint ...*  *... drängen sich die Gänse zusammen.*  *Wolf dirigiert: Kamera und Ton ab.*

Da die Perspektive von der Bahnbrücke so schön war, schlägt Wolf einen weiteren Ausflug bachabwärts vor, doch diesmal mit dem Kajak.

*16.00 Uhr.* In den vergangenen Tagen habe ich wiederholt per Kajak mit den Gänsen die Ach erkundet. So sind sie mittlerweile an das gelbe Ungetüm gewöhnt und folgen mir bereitwillig.

Unterhalb der Bahnbrücke angekommen, schwelgen die zehn im Laichkraut, während ich mich bemühe, nicht abgetrieben zu werden. Plötzlich ist in der Ferne ein leises Summen zu hören. Unwillkürlich denke ich an einen nahenden Zug, doch dann sehe ich auf der Landstraße einen Traktor mit Heuwagen vorbeifahren und bin beruhigt. Wolfs Aufschrei »Der Zug kommt!« reißt mich jäh aus meinen Gedanken. Im selben Moment ist auch schon das schrille Pfeifen der Lok zu hören, die Sekunden später in der langgezogenen Linkskurve erscheint und auf die Brücke zufährt. Zu spät für Wolf, Georg und Bernd, um noch von der

*Die Wollgraswiesen am Ufer der Ach stehen in voller Blüte.*

Brücke zu fliehen. Es bleibt nur ein Sprung in die Ach oder die Hoffnung, daß zwischen Brückengeländer und Zug genug Platz ist. Wolf, Georg und Bernd pressen sich samt Kamera ans Geländer. Zentimeterdicht braust der D-Zug an ihnen vorbei. Die drei müssen einen Schutzengel gehabt haben, denke ich, als die Gefahr vorüber ist. Wer hätte geglaubt, daß die Dreharbeiten zu unserem Gänsefilm so gefährlich sein können! Bei Kaffee und Kuchen erholen wir uns später nur langsam von dem Schreck. Unsere gefiederten Stars haben von all dem natürlich nichts mitbekommen.

*Mittwoch,
22. Juni*

*5.00 Uhr.* Wer Flugübungen von Junggänsen filmen will, muß zeitig aus den Federn. Die Gänse können es kaum erwarten, bis ich fertig angezogen bin.

Kaum sind wir aus dem Haus, laufen die zehn auch schon flügelschlagend vor mir her in Richtung Straße. Ihre Fluglust ist so groß, daß sie auf dem Weg zur Ach fast gar nichts fressen, sondern flügelschlagend die ganze Wiese hinunterrennen. Mohrle hebt dabei zum ersten Mal ein paar Zentimeter vom Boden ab.

*9.30 Uhr.* Georg und Bernd kehren vom Frühstück zurück. Auch Martin ist inzwischen eingetroffen. Er wird an Stelle von Günter fotografieren.

Da meine Gänse in der Knabberphase sind und alles neugierig untersuchen, habe ich meinen Rucksack in schnabelsicherer Höhe an einen Baum gehängt. Nur mein Regenschirm liegt noch neben mir auf dem Boden. Ob die Gänse mitspielen? Ob sich vor der Kamera wiederholt, was ich vor drei Tagen in ähnlicher Situation zufällig beobachtet habe?

Die Kamera ist aufnahmebereit. Tatsächlich dauert es nicht lange, bis Goldi zum Schirm marschiert, sich mit dem Kopf über den runden Knauf beugt und versucht, ihn mit dem Schnabel zwischen ihre Beine zu rollen. Da das nicht funktioniert, stellt sie sich über den Schirmknauf, plustert das Bauchgefieder auf, setzt sich nieder und scharrt mit den Füßen. Als Goldi abtritt, wiederholt Ringelchen die Szene.

Was sich da vor unseren Augen abspielte, haben Lorenz und Tinbergen ausführlich untersucht und als »Eirollbewegung« bezeichnet. Sinn und Zweck dieser Instinkthandlung sind biologischer Natur: Fällt einer brütenden Gans ein Ei aus der Nestmulde, rollt sie es über dem Nest stehend mit dem Schnabel in die Mulde zurück. Daß sich dieses Verhalten schon bei so jungen Gänsen zeigt und sogar durch einen nur entfernt an ein Ei erinnernden Gegenstand wie einen Schirmknauf ausgelöst werden kann, hatte ich am 19. Juni durch Zufall an Goldi und Ringelchen in der gleichen Situation entdeckt, wie wir sie jetzt für den Film nachgestellt haben. Nun wollen wir den Versuch ausbauen. Ich habe dazu ein hartgekochtes Hühnerei mitgebracht. Da bei Gänsen das Brüten allein Aufgabe des Weibchens ist, habe ich mir überlegt, ob sich anhand der Eirollbewegung möglicherweise das Geschlecht meiner Gänsekinder bestimmen läßt. Äußerlich nämlich zeigen Graugänse keinerlei Geschlechtsunterschiede, außer daß Ganter etwas größer und schwerer sind als weibliche Gänse. Da der Größenunterschied im jugendlichen Alter minimal ist, habe ich mich bisher bei der Unterscheidung der Geschlechter allein auf mein Gefühl verlassen und vermutet, daß Mohrle, Rabe, Akka, Goldi und Ringelchen Weibchen sind.

Nachdem es mit dem Schirmknauf auf Anhieb geklappt hat, versuchen wir es nun mit dem Hühnerei. Fiddi und Rabe liegen einander gegenüber. Auf das Kommando »Kamera ab!« lege ich das Ei genau in die Mitte zwischen die beiden. Wenn meine Vermutung richtig ist, müßte nur Rabe das Ei zu sich rollen. Doch Rabe und Fiddi machen beide ihre Hälse ganz lang und versuchen, mit ihren Schnäbeln das Ei zu sich zu rollen. Am Ende steht Fiddi auf, rollt das Ei elegant zwischen seine Beine,

*Mit dem Schnabel rollt Fiddi das Hühnerei zwischen seine Füße.*

plustert das Bauchgefieder auf, stochert mit dem Schnabel rund um das Ei am Boden herum und legt Hälmchen hinter sich. Schließlich setzt sich Fiddi auf das Ei und scharrt mit den Füßen eine Nestmulde. Bisher war ich überzeugt gewesen, daß Fiddi ein Ganter ist. Anscheinend habe ich mich getäuscht.

Nach dieser wunderschönen Szene lege ich das Ei der Reihe nach auch den anderen Gänsen vor. Ich beginne mit Mohrle, Akka, Goldi, Ringelchen und Rabe, allesamt Weibchen, wie ich vermute. Tatsächlich zeigen alle fünf eindeutig die Eirollbewegung, auch wenn manche nicht dazu aufstehen, sondern wie Rabe und Mohrle versuchen, sich das Ei im Liegen unterzuschieben.

Dann sind die Ganter an der Reihe. Doch ich traue meinen Augen nicht: Auch Mini, Lisa, Rosa und Nela rollen das Ei mit dem Schnabel zwischen ihre Beine. Habe ich etwa nur weibliche Gänse? In der Natur ist das Geschlechtsverhältnis fast 1 : 1.

*14.45 Uhr.* Heidi kommt. Sie war jahrelang technische Assistentin von Konrad Lorenz und weiß daher gewiß, was es mit diesem Eirollverhalten auf sich hat. Als ich ihr aufgeregt von unseren Versuchen berichte, erzählt sie mir lachend, daß es bekannt sei, daß Junggänse beiderlei Geschlechts die Eirollbewegung zeigen. Ihr Angebot, bei vier Gänsen durch Ausstülpen der Kloake, wobei die männlichen Geschlechtsorgane sichtbar werden, das Geschlecht zu bestimmen, nehme ich dankbar an. Das »Sexen«, wie es im Fachjargon heißt, ist unangenehm für die Gänse, tut ihnen aber nicht weh. Heidi schaut bei Goldi, Mohrle, Nela und Fiddi nach. Mohrle und Goldi sind Gänse, Fiddi und Nela Ganter. Mein Gefühl hat mich also doch nicht getrogen.

Da Heidi die Gänse nun schon einmal in der Hand hält, beringen wir sie auch gleich. Dabei erhält jede der Gänse einen Aluminiumring mit einer eingravierten Nummer und der Adresse der nächsten Vogelwarte für den Fall, daß eine Gans verloren geht und gefunden wird. Die Gänse machen dabei ein Geschrei, als würden sie zur Schlachtbank geführt. Aber der Schreck ist schnell vergessen. In den ersten Minuten knabbern sie zwar ein wenig an dem ungewohnten Metallring, doch bald werden sie sich daran gewöhnt haben.

Mit dem Beringen beenden wir die Dreharbeiten für heute und verbringen den Rest des Nachmittags geruhsam an der Ach.

*5.00 Uhr.* Die Gänse stehen auf. Ich lasse sie in den Garten. Da es dort wirklich nichts mehr zu zerstören gibt, kann ich sie unbeaufsichtigt lassen. Also schlüpfe ich nochmal ins warme Bett und warte, bis sie von alleine ins Haus zurückkommen.

*5.30 Uhr.* Es zupft und zerrt an Bettuch und Bettdecke. Offenbar komme ich ihnen nicht schnell genug aus den Federn. Rabe springt kurzentschlossen aufs Bett und schnattert mir aus vollem Hals ins Ohr.

Mit zehn Gänsen, von denen vier bereits fliegen können, während die anderen sechs noch in der Übungsphase stecken, bringt das morgendliche Flugtraining so manche Aufregung mit sich. Da ich die anderen nicht im Stich lassen kann, wenn eine sich verfliegt, spielen Elke und Martin abwechselnd Fluglotse. Kaum haben Martin und ich mit den Gänsen die sich zur Ach hin erstreckende Flugschneise erreicht, rennt die ganze Mannschaft unaufgefordert flügelschlagend los. Mohrle, Ringelchen, Rosa und Nela heben ab und steuern in Richtung Bach. Mit den sechs Zurückgebliebenen, die zwar ihr Möglichstes gegeben haben, denen aber noch ein paar Zentimeter Schwingenlänge für die Eroberung des Luftraums fehlen, erreichen wir zu Fuß das Ufer. Rosa erwartet uns bereits. Mohrle und Ringelchen watscheln am gegenüberliegenden Ufer bachabwärts. Von Nela hingegen fehlt jede Spur. Martin und ich rufen aus Leibeskräften *komm-komm*, leider vergeblich. Zu so früher Stunde grenzt unser Geschrei fast schon an Ruhestörung. Zum Glück habe ich sehr verständnisvolle und geduldige Nachbarn. Da ich die Schar mittlerweile auch an der Ach schon für kurze Zeit allein lassen kann, beschließen wir, daß Martin sich zu Fuß auf die Suche macht, während ich mit dem Auto die nähere Umgebung abfahre. Ein paar hundert Meter bachaufwärts treffe ich ihn wieder. Noch immer fehlt von der vermißten Gans jede Spur. Besorgt fahren wir gemeinsam zum Ausgangspunkt zurück, wo inzwischen Elke eingetroffen ist. Als wir ihr aufgeregt von der verschollenen Nela berichten, schaut sie uns lachend an und sagt: »Ja, könnt ihr denn nicht bis zehn zählen? Es sind doch alle da!« Da Nela nicht reden kann, ist noch immer nicht klar, ob wir nicht zählen können oder ob die Gans wirklich verschwunden war.

*10.00 Uhr.* Georg und Bernd treffen ein. Gemeinsam mit Martin mache ich mich mit den Gänsen auf den Weg zum Hopfensee. Inzwischen ist es mir unmöglich, die Gänse allein von der Ach wegzulocken. Und heute fallen Georg und Bernd als Begleiter aus, denn nachdem sie unseren Abmarsch gedreht haben, fahren sie voraus zum See, um dort einen möglichen Anflug der Gänse zu filmen.

*Seine rote Warnfarbe schützt den Marienkäfer nicht vor dem Gänseschnabel.*

Martin und ich müssen lange locken und rufen, bis die Gänse uns endlich über die Wollgraswiese den Hügel hinauf folgen. Doch kaum haben wir im Trab die Hauptstraße überquert, sind die zehn nicht mehr zu halten. Flügelschlagend rennen sie hügelab in Richtung See. Wie in der Früh heben Rosa, Nela, Ringelchen und Mohrle nach ein paar Metern Anlauf vom Boden ab und fliegen mit kräftigem Flügelschlag auf den See hinaus. Dicht über der Wasserfläche dahinstreichend, drehen sie eine Runde in der Bucht. Auf dem Rückflug verläßt Rosa die Kraft. Hundert Meter vor dem Ziel macht sie eine Notlandung im hohen Gras, während Nela, Ringelchen und Mohrle zielstrebig auf uns zufliegen und mitten unter ihren Geschwistern auf der Wiese landen. Sie sind völlig erschöpft von ihrem ersten großen Flug und hecheln mit offenen Schnäbeln. Rosa ist nirgends zu sehen. Laut rufe ich *komm-komm*, doch keine Antwort. Als wir mit unserer Schar endlich den Fußweg am Seeufer erreichen, läuft uns Rosa, das Gefieder ängstlich angelegt, mit langgestrecktem Hals aufgeregt entgegen. Viele Wochenendspaziergänger sind stehengeblieben, um die lustige Karawane zu beobachten. Für Rosa, die durch das Spalier aus Menschenbeinen muß, ist es eine Art Spießrutenlaufen. Glücklich wieder vereint, ziehen wir nun weiter zum See, wo wir am Bootssteg erst einmal Rast halten.

Nach einem nur kurzen Ausflug mit dem Kajak machen wir uns bereits am frühen Nachmittag auf den Heimweg. Mohrle, Rosa, Nela und Ringelchen sind von ihrer ersten großen Flugexkursion sichtlich erschöpft.

*16.30 Uhr.* An unseren Badeplatz an der Ach zurückgekehrt, verbringen wir den Rest des Nachmittags mit Weiden und Ruhen. So sehr sich Georg auch noch filmisch verwertbare Aktivitäten gewünscht hätte: die Gänse haben für heute genug.

**Dienstag, 28. Juni**

*5.10 Uhr.* Mit den Gänsen krieche ich aus den Federn. Gleich darauf geht es zum Weiden in Geisenbergers Garten. Auf meiner eigenen Wiese ist nicht mehr viel zu holen. Die zehn Schnäbel meiner Lieblinge haben ihr Möglichstes getan, sie in einen Golfrasen zu verwandeln. Hätten wir unsere liebe Nachbarin nicht, müßten die Gänse wohl auf ihre Leibspeisen verzichten, denn auf der Magerwiese an der Ach wachsen fast kein Klee und Löwenzahn.

Die zehn sind in Flugstimmung und nehmen auf der Straße kurz Anlauf. Doch dann entsinnen sie sich ihres Hungers und watscheln an den gedeckten Wiesentisch.

*8.00 Uhr.* Ich wandere mit den Gänsen zur Waldschneise. Kaum haben wir die Wiese erreicht, nehmen sie flügelschlagend Anlauf. Nela, Mohrle, Ringelchen und Rosa heben als erste ab, fliegen hinunter zum Bach und hinter dem Waldstück über die Pferdekoppel wieder zurück in Richtung Geisenbergers Garten. Lisa, Rabe und Goldi brauchen etwas mehr Anlauf. Sie landen gleich wieder an der Ach, wo Martin sie in Empfang nimmt. Die Nichtflieger Akka, Mini und Fiddi bleiben mitten auf der Wiese stehen. Ich renne zurück zu Geisenbergers Garten. Gott sei Dank ist alles in Ordnung. Frau Geisenberger paßt auf meine Meisterflieger auf. Dann geht's im Dauerlauf zurück zur Ach, wo Flieger und Nichtflieger sich inzwischen unter Martins Obhut versammelt haben.

*8.15 Uhr.* Ich bin schon wieder auf dem Weg zurück zu Geisenbergers Garten, als mir Mohrle, Nela, Ringelchen, und Rosa auf der Waldschneise entgegenfliegen und auf meine *komm-komm*-Rufe bei mir landen. Akka, Rabe, Goldi, Fiddi, Lisa und Mini verstehen mein Rufen ebenfalls als Aufforderung, sich mir anzuschließen, und kommen flügelschlagend die Wiese heraufgerannt. Glücklich wieder vereint, halten wir an Ort und Stelle Rast.

*9.00 Uhr.* Wir kehren zurück zur Ach. Ringelchen, Mohrle und Rosa ziehen es vor, das kurze Stück zu fliegen. Am Bach angekommen, hüpfen alle zehn ins Wasser. Sie schwelgen in Laichkraut und Wasserpest, bis sie restlos vollgestopft sind und eine Verdauungspause einlegen müssen.

Seit sie fliegen können, sind meine Gänsekinder viel selbständiger und bleiben für kurze Zeit auch mal allein oder in der Obhut von Martin an der Ach. Ich nütze daher die Ruhepause, um etwas zu holen. Bei meiner Rückkehr rufen die Gänse schon laut, als ich noch fünfzig Meter entfernt bin. Offenbar haben sie mich, ohne daß ich etwas gesagt habe, an meinem roten Pullover bereits von weitem erkannt.

Konrad Lorenz behauptet, daß für das Erkennen der Bezugsperson die Kleidung keine Rolle spielt. Dagegen habe ich schon die Erfahrung gemacht, daß meine Gänsekinder »fremdeln«, sobald ich statt meiner türkisfarbenen Hose und meines roten Pullis plötzlich einmal Rosa oder Gelb trage.

Wir lassen die Gänsekinder eine Weile alleine an der Ach. Dann zieht Martin meinen roten Pulli an und kehrt zu den Gänsen zurück. Wieder rufen die Gänse laut, als Martin noch fünfzig Meter entfernt ist, doch als er bei ihnen ankommt, sehen sie ihren Irrtum sofort ein und schenken ihm keine Beachtung mehr. Kurz darauf komme ich und werde, sobald ich die Gänsekinder anspreche, laut schnatternd begrüßt. Mit Lorenz bin ich deshalb zwar der Ansicht, daß die Stimme beim Erkennen die entscheidende Rolle spielt, aber ich meine, daß daneben auch die optische Wiedererkennung der Kleidung nicht unwichtig ist. Mutter Gans wechselt schließlich nicht täglich ihr Federkleid.

## Dienstag, 5. Juli

*5.00 Uhr.* Die Gänse, die nach dem Aufstehen heute wieder allein im Garten bleiben, lassen mich noch eine ganze Stunde Schlaf nachholen.

*6.15 Uhr.* Nach einem kurzen Aufenthalt am Teich, wo die zehn so gern nach Wurzeln graben, machen sie sich auf zur Ach, und ich muß hinterher. An der Waldschneise angekommen, nimmt die ganze Schar Anlauf und schwingt sich in die Luft. Akkas Kräfte reichen aber nur ein kurzes Stück, und so kommt sie nach einer Notlandung allein zu Fuß zu mir zurück.

Akka hat sich offenbar noch nicht vollständig erholt. Die Lähmungserscheinungen an Bein und Hals sind zwar gewichen, doch hat sie noch nicht genügend Kraft in den Flügeln, um mit ihren Geschwistern mithalten zu können. Das gleichaltrige Mohrle hat sich dagegen fast schon zum Meisterflieger entwickelt.

Ich mache mir Sorgen um Akka. Wird sie je fliegen können wie ihre Geschwister? Vertrauensvoll läßt sie sich hochheben. Mit Akka auf dem Arm gehe ich schnellen Schrittes hinunter zur Ach, wo die andern uns mit freudigem Geschnatter begrüßen.

*10.30 Uhr.* Die Sonne scheint. Es ist ein herrlicher warmer Sommertag, ideal für einen Ausflug zum Hopfensee. Bereitwillig folgen mir die Gänsekinder. Ohne zu zögern schwimmen sie heute unter der Bahnbrücke auf die andere Seite der Ach zur Wollgraswiese, wo wir die erste Rast halten.

Umgeben von schlummernden Gänsekindern halte auch ich ein Schläfchen auf meiner Matte. Die schönste Erfahrung als Gänsemutter ist für mich das Leben im Einklang mit dem Rhythmus der Natur: aufzustehen, wenn der Tag erwacht, und zu ruhen, wann immer ich mich müde fühle.

*11.30 Uhr.* Ich war wohl eingeschlafen, doch zehn Gänseschnäbel tun ihr möglichstes, um mich wachzuknabbern. Ehe ich mich's versehe, ist ein Knopf meines T-Shirt in Rabes Schnabel verschwunden und auf dem Weg zum Magen. Ob die Magensteinchen den Knopf zerreiben werden? Wenn ich es recht verstehe, bedeutet das Knabbern: »Wir haben ausgeschlafen. Es kann weitergehen.«

Für mich stellt sich nun nicht mehr das Problem, wie ich die zehn von der Ach weglocke, sondern wie ich sie möglichst lange vom Auffliegen abhalte. Zum Glück kommt Martin. Um die Gänse zu beruhigen, murmeln wir ununterbrochen *gang-ging-gang*, aber ohne Erfolg. Noch bevor wir die Hügelkuppe erreicht haben, erheben sich alle bis auf Akka in die Luft und fliegen in Richtung See. Ich nehme Akka auf den Arm, damit wir ihnen schneller folgen können. Wir sehen gerade noch, wie sie am Ostufer in Richtung Hopfen entschwinden. Laut rufen wir *komm-komm*, aber weit und breit ist kein Vogel zu sehen. Erst nach fünf Minuten erscheinen unterhalb des Gasthofs Wiesbauer die Gänse als dunkle Silhouetten vor der Bergkulisse und steuern auf uns zu. Das Begrüßungsgeschnatter nach der Landung will kein Ende nehmen. Doch ich kann mich nicht so recht mitfreuen, denn Mini fehlt. Plötzlich erschallt eine Gänsestimme aus dem hohen Gras in der Nähe des Bootshauses. Aufgeregt, aber sichtlich erleichtert, watschelt uns Mini entgegen. Auch diesmal sind die Gänse von ihrem Flug deutlich erschöpft und hecheln stark. Wir halten daher erst einmal Mittagsrast, bevor wir mit dem Kajak einen Ausflug zur Halbinsel machen.

*13.00 Uhr.* Kaum im Wasser, nehmen alle zehn Gänse flügelschlagend auf der Wasseroberfläche rennend Anlauf. Schon nach wenigen Metern heben sie ab. Akka schafft nur fünfzig Meter, die anderen drehen eine Runde über der Bucht, bevor sie zielgenau zu mir zurückkehren und rund um meinen Kajak wassern. Am Badestrand auf der Halbinsel angekommen, gehe auch ich ins Wasser, um mich abzukühlen. Ohne zu zögern folgen mir die Gänse hinaus auf den See.

Die Gänse fühlen sich sichtlich wohl. Nach kurzer Ruhepause an Land schwimmen sie nun allein auf den See hinaus. Ich folge ihnen in einigem Abstand mit dem Kajak. Da sie offenbar in Flugstimmung sind, versuche ich, sie durch schnelles Paddeln und *gak-gak-gak*-Rufe zum Fliegen zu bringen. Wieder heben bis auf Akka alle ab, drehen unter kräftigen Schwingenschlägen eine große Schleife über dem See und wassern erneut rund um meinen Kajak. Als uns ein kleines Mädchen am Ufer entdeckt, ruft sie aufgeregt: »Mama, Mama, schau mal, da kommt eine Schäferin im Boot mit Enten!«

Die nächste Ruhepause an Land ist wieder nur kurz. Mit ihren Schnäbeln geben mir die zehn zu verstehen, daß sie den Standort wechseln möchten. Fliegen können sie inzwischen zwar, so richtig selbständig sind sie aber noch immer nicht. In unvertrautem Terrain fühlen sie sich halt doch noch sicherer in Begleitung von »Mama Gans«. Also machen wir gemeinsam einen Weideausflug auf die Halbinsel.

*16.35 Uhr.* Auf dem Rückweg fahre ich mit dem Kajak ein wenig voraus. Ich bin schon auf dem Bootssteg, als die Gänse draußen auf dem See auffliegen. Vergeblich versuchen sie neben mir zu landen und starten durch. Zu viele Hindernisse machen hier eine Landung fast unmöglich. Nur Rabe findet Halt auf einem Pfahl. Laut *komm-komm* rufend renne ich hinaus auf die Wiese, wo dann auch Mohrle, Akka, Nela, Rosa, Mini und Ringelchen rund um mich im Gras landen. Die anderen vier kommen einen Moment später vom Steg her nachgewatschelt.

*Akka läßt sich nach Hause tragen.*

Der Abmarsch vom See bereitet diesmal keine Probleme. Auf der Hügelkuppe angekommen, erschrecken die Gänse vor einem vorbeifahrenden Lastwagen und sind auch
durch unser *gang-ging-gang* nicht mehr zu beruhigen. Bis auf Akka fliegen alle auf
und entschwinden in Richtung Heimat. Bereitwillig läßt sich Akka wieder von mir
tragen.
Die neun Fernflieger erwarten uns an der Ach, als Martin und ich endlich eintreffen.
Fliegen macht müde, und so geht es heute früher nach Hause zurück.
Am Abend kommt Kira. Kira hat der Himmel geschickt. Die frischgebackene
Abiturientin hatte als angehende Biologiestudentin nach einer Möglichkeit gesucht, ein
biologisches Praktikum zu machen, und auf diese Weise zu mir gefunden. Ich bin
dankbar für jede helfende Hand, denn täglich gibt es eine Menge Arbeit.

*Samstag, 9. Juli*

*7.30 Uhr.* Nach dem Morgenspaziergang zum Teich und zur Wiese in Geisenbergers Garten sind die Gänse nicht länger in Hausnähe zu halten. Auf dem Waldweg laufen sie mir voraus. An der Waldschneise angekommen, nehmen sie sogleich Anlauf und fliegen hinunter zur Ach. Wird Akka es heute schaffen? »Hurra«, ruft Kira mir einen Moment später vom Bach aus zu, »alle zehn sicher gelandet!«

In nur vier Tagen hat sich Kira die Herzen der Gänsekinder erobert. Das bedeutet für mich eine große Entlastung. Nun werde ich endlich einmal wieder meinen Haushalt in Ordnung bringen können.

Erst aber muß ich zum Arzt. Seit Tagen schon macht mir ein Abszeß am Fuß zu schaffen. Bisher habe ich ihm keine große Beachtung geschenkt. Ich hatte einfach keine Zeit zum Kranksein. Heute morgen aber ist der Fuß so dick, daß ich kaum mehr laufen kann. Wäre ich nur früher zur Ärztin gegangen. Sie muß den Abszeß aufschneiden und verordnet mir strengste Ruhe. Baden gehen darf ich zwei Wochen lang auch nicht. Eine schöne Bescherung. Und ausgerechnet heute wollten wir wieder filmen. Da werden wir wohl die Szene »Mama Gans ist krank« drehen müssen.

An Ruhe ist bei meiner Rückkehr allerdings nicht zu denken. Meine Kinderchen nehmen mich mit ihren Schnäbeln fast auseinander. Kira versucht zwar ihr möglichstes, sie zum Weiden auf die Wiese zu locken, doch mehr als ein paar Meter sind die zehn nicht von mir wegzubringen.

*11.30 Uhr.* Georg und Bernd treffen ein. Als sie von meinem Pech hören, beschließen sie, die Gelegenheit für Aufnahmen aus der Gänseperspektive zu nutzen, und mieten kurzerhand ein Flugzeug. Wie gerne würde ich mitfliegen und unsere schöne Landschaft einmal aus der Luft sehen. Doch mir bleibt nur ein geruhsamer Nachmittag an der Ach.

*16.45 Uhr.* Eine leichte Brise kommt auf und weckt in meinen Gänsen die Fluglust. Einen Augenblick lang ignoriere ich die Anweisungen meiner gestrengen Ärztin und laufe ein kurzes Stück gegen den Wind. Als wenn die Gänse nur auf diese Aufforderung gewartet hätten, schwingen sie sich in die Luft und fliegen in Richtung Hopfensee. Nur Akka ist bei mir geblieben. Sie sucht meine Nähe und kuschelt sich an mich. Unser beider »Flugschwäche« wirkt irgendwie verbindend. Eigentlich wäre zu erwarten, daß eine Gans, von ihren Geschwistern alleingelassen, sehr unruhig und nervös wird, doch Akka fühlt sich in meiner Nähe sichtlich wohl und geborgen.

Die Zeit vergeht. Die neun kommen nicht wieder. Mir wird bang. Fußkrank und mit einer dreieinhalb Kilo schweren Gans auf dem Arm kann ich nicht einmal nach-

*Wie ein Fahrgestell werden die Füße zur Landung ausgefahren.*

sehen, ob etwas passiert ist. Meine Sorgen stehen mir offenbar auf der Stirn geschrieben, denn Kira bietet mir spontan an, mit dem Rad zum Hopfensee zu fahren und die Gänse zu suchen. Nach einer Viertelstunde ist sie zurück. Vom Bootshaus aus hat sie mit dem Fernglas alle neun auf der Halbinsel entdeckt.

Also warte ich weiter. Die Minuten kommen mir vor wie Stunden. Plötzlich stößt Akka einen Laut aus, und da höre auch ich das Gänsegeschwader. Laut rufe ich *komm-komm.* Regelrechte Kapriolen in der Luft vollführend, um möglichst rasch an Höhe zu verlieren, nähert sich die Schar und landet Sekunden später schreiend neben mir im Gras. Fast eine Stunde waren die Gänsekinder allein unterwegs gewesen. Akka ist nicht weniger froh als ich, ihre Geschwister wiederzusehen.

*Die Flügel glockenförmig gespannt gleiten die Gänse beim Abbremsen wie Fallschirme.*

*Um möglichst rasch an Höhe zu verlieren, werfen sie sich auf den Rücken und stehen dabei für Bruchteile einer Sekunde senkrecht.*

**Dienstag, 12. Juli**

*5.00 Uhr.* Geweckt vom Prasseln des Regens, fällt es mir heute besonders schwer, das warme Bett zu verlassen.

Schon 6.20 Uhr. So viel Rücksichtnahme hätte ich von meinen Gänsen nicht erwartet. Erst jetzt erscheinen sie neben meinem Bett und fordern mich mit liebevollem Geknabber auf, endlich aufzustehen. Inzwischen hat es auch zu regnen aufgehört.

Nach einem kurzen Ausflug zum großen Teich ruhen wir auf der Wiese hinter dem Haus. Lisa krabbelt gar auf meinen Bauch und läßt sich dort zum Schlafen nieder. Schlechtes Wetter drückt offenbar nicht nur Menschen aufs Gemüt.

*Es ist kein gutes Zeichen, wenn ein schon fast erwachsenes Gänsekind meine Nähe sucht.*

*10.45 Uhr.* Flugstimmung kommt heute etwas später auf. Gemeinsam geht's zur Waldschneise, wo die Gänse Anlauf nehmen und zur Ach hinunterfliegen. Während Kira ihnen dort Gesellschaft leistet, fahre ich zur Ärztin, um meinen Fuß nachbehandeln zu lassen.

*13.30 Uhr.* Aus der Stadt habe ich Wurstsemmeln mitgebracht. Kira und die Gänse sind noch immer an der Ach. Nach freudigem Begrüßungsgeschnatter suchen wir uns fürs Picknick ein sonniges Plätzchen auf der Wiese. Alle Gänse kommen nach, nur Lisa bleibt zurück. Das wundert mich. Sie ist doch sonst immer die erste, die mir folgt, wenn's was zu futtern gibt. Sie scheint so kraftlos, daß sie sich kaum auf den Beinen halten kann. Bereitwillig läßt sich Lisa von mir hochheben und kuschelt sich in meinen Schoß. Doch sie gibt kaum einen Laut von sich. Da kommt mir ihr anhängliches Verhalten am Morgen wieder in den Sinn, das bei Gänsen in diesem Alter eigentlich ungewöhnlich ist. Lisa muß krank sein. Ob sie etwas Falsches gefressen hat? Kira bemerkt, daß Lisas geschlossene Augenlider zucken, und meint, das könne auf Schmerzen deuten. Auch röchelt sie etwas durch die Nasenlöcher, was auf Fieber zurückzuführen sein könnte. Jetzt ist schnelles Handeln geboten. Während Martin auf die Gänse aufpaßt, fahren Kira und ich mit Lisa im Auto zum Tierarzt.

*15.00 Uhr.* Auch der Doktor ist bei seiner Diagnose auf reine Vermutungen angewiesen. Lisa bekommt daher gleich einen Medikamentencocktail aus Cortison, Antibiotika und Kreislaufmittel in den Brustmuskel gespritzt. Die Gans läßt alles ruhig mit sich geschehen. Da ich sie in diesem Zustand nicht alleinlassen darf, nähen wir ein Tuch, in dem ich die kranke Gans tragen kann, wenn ich mit den anderen auf der Weide bin. Die ganze Schar scheint heute etwas bedrückt. Sie fressen äußerst wenig und schlafen dafür viel.

*20.30 Uhr.* Die neun sind in ihrem Gänsebett. Nur Lisa habe ich bei mir behalten. Ihr Zustand hat sich weiter verschlechtert. Ich muß mit dem Schlimmsten rechnen. Alle Viertelstunde flöße ich ihr ein wenig Wasser in den Schnabel, denn des Fiebers wegen braucht sie viel Flüssigkeit. Ab und zu bäumt sie sich wie von Krämpfen geschüttelt auf. Kira und ich versuchen sie zu beruhigen. Erst gegen Mitternacht scheint es Lisa etwas besser zu gehen, und ich nehme sie zu mir ins Bett, um selbst etwas Ruhe zu finden. Im Halbschlaf dämmere ich vor mich hin, und alle Stunde flöße ich ihr Wasser ein. Völlig übermüdet schlafe ich gegen Morgen ein, werde aber schon um 5.00 Uhr von meiner Schar wieder geweckt. Lisa ist über den Berg. Immer noch schwach, schnattert sie leise, als ich sie vom Bett ins Tragetuch hebe.

**Donnerstag,
14. Juli**

*5.00 Uhr.* Es gießt in Strömen. Lisa hat sich soweit erholt, daß sie wieder laufen kann. Sie frißt auch schon ein wenig.

*5.30 Uhr.* Heute geht es gleich zum Weiden. Ihr Körnerfrühstück bekommen die Gänsekinder jetzt in Geisenbergers Garten, damit sie lernen, wo es in Zukunft Futter gibt. Für meine inzwischen flugtüchtigen Graugänse bietet der Garten die einzige nahegelegene Landemöglichkeit, denn die Lichtung neben meinem Haus ist für den Anflug zu eng. Zudem fühlen sich die Gänse dort nicht mehr sicher. Allmählich wächst ihre angeborene Furcht, durch Wald und Dickicht zu laufen.

*7.30 Uhr.* Flugunruhe erfaßt die Gänse. Durch das Gartentor marschieren sie zur Startbahn und nehmen Anlauf. Doch nur vier heben ab und fliegen eine Runde zur Ach, um dann wieder im Garten zu landen. Für die noch recht flugunerfahrenen Gänsekinder ist dieser Landeanflug nicht ungefährlich, denn es gilt Strom- und Telefonleitungen zu über- oder unterfliegen. Da muß abrupt die Geschwindigkeit verringert werden, um eine Bruchlandung im angrenzenden Wald zu vermeiden. Heute bekommt Ringelchen die Kurve nicht, startet durch und verschwindet Richtung Wald. Als sie auch nach mehreren Minuten nicht auftaucht, mache ich mich mit Kira auf die Suche. Notgelandete Gänse sind nicht leicht zu finden, denn sie antworten nicht auf die wohlbekannten Locklaute, möglicherweise, weil sie unter Schock stehen.

Wir finden Ringelchen am Waldrand am Ende des Gartens. Auf einem Bein stehend schaut sie mich nur an und sagt keinen Ton. Vorsichtig hebe ich meine »Bruchpilotin« auf und taste ihren Fuß ab, um zu sehen, ob etwas gebrochen ist. Anscheinend hat sie eine Bruchlandung zwischen den Bäumen hinter sich, denn ihr fehlen die fünf mittleren Schwanzfedern, die als Steuerruder dienen. Nachdem Lisa wieder gesund ist, habe ich nun also einen neuen Patienten. Offenbar hat sich Ringelchen am Fuß verletzt, denn sie humpelt stark, als ich sie auf den Boden zurücksetze.

Unternehmen können wir heute wohl nichts mehr. Wieder einmal ist Ruhetag.

*Einträchtig versammeln sich die Gänse um den Futternapf.*

*Abflug vom Hopfensee.*

*4.30 Uhr.* Mich fröstelt. Eng aneinandergekuschelt kämpfen Kira und ich gegen die morgendliche Kälte. Tau hat sich auf unseren Schlafsäcken gebildet. Es ist noch dämmrig. Ruhig liegt der See vor uns. Zehn Graugänse stehen zu unseren Füßen auf einem Bein im Wasser. Akka kommt an Land, schnattert mir leise ins Ohr und legt sich neben mich. Nacheinander kommen auch die anderen. Rabe und Mini spielen gar Klettergänse und machen es sich auf unseren Schlafsäcken bequem.

*5.00 Uhr.* »Es ist ein langsamer Tod, von Gänsen totgetreten zu werden«, lautet ein dänisches Sprichwort. Eine Viertelstunde halten wir es aus, wie wild gezupft und gezerrt zu werden, dann krieche ich aus der wärmenden Hülle und folge den Gänsen zum Wasser.

*5.45 Uhr.* Die ersten Sonnenstrahlen blitzen über die Bergkuppen. Begierig sauge ich die Helligkeit und die Wärme des beginnenden Tages in mich auf. Meine erste Nacht unter freiem Himmel, wie weit liegt sie schon zurück. Jahre sind vergangen, viele Länder habe ich seither bereist – und nun verdanke ich meinen Gänsekindern dieses unvergleichliche Erlebnis einer Nacht unter dem Sternenzelt. Hat man dann noch eine Freundin wie Kira, mit der man schweigend seine Gefühle teilen kann, wird die Erinnerung an ein solches Einssein mit der Natur unauslöschlich. Welche Rolle spielt es da noch, daß die Schlafsäcke naß sind vom Tau? Die Sonne wird sie schon wieder trocknen und uns die Kälte aus den steifen Gliedern treiben.

*7.00 Uhr.* Gefolgt von den Gänsen geht es im Kajak zurück zum Bootshaus. Die Kielwellen unserer Boote verschmelzen mit den Heckwellen der Gänse zu einem glitzernden Geflecht. Als wir am Steg anlegen, fliegen die Gänse auf, landen aber auf unser Rufen hin gleich wieder auf der Wiese.

Gemächlich ziehen wir mit unseren weidenden Gänsen in Richtung Heimat. Während uns erst zu Hause das Frühstück erwartet, ist für die Gänse der Tisch längst gedeckt: in den Streuwiesen gibt es genügend Samen von Gräsern und wildem Hahnenfuß, auf den Fettwiesen bringen Löwenzahn und Klee Abwechslung. Kurz bevor wir die Hügelkuppe erreichen, bringen wir die Gänse durch kurzes, anspornendes Laufen zum Auffliegen. Akka und Rabe ziehen es jedoch vor, uns Gesellschaft zu leisten und zu Fuß zurückzukehren. Also müssen wir noch etwas länger auf das Frühstück warten.

*9.00 Uhr.* Mohrle, Mini, Nela, Ringelchen, Goldi, Lisa, Rosa und Fiddi sind schon an der Ach. Als ob sie nur auf unsere Ankunft gewartet hätten, machen sie sich schnurstracks auf den Weg in Richtung Garten, wo das Gänsemüsli aus Maisschrot, Hafer-

*Mittwoch, 20. Juli*

*Frühstück im Garten*

*Flügelschlagend rennen die Gänse auf dem Wasser: Auftakt zum Baden.*

flocken, Weizen und Gerste auf sie wartet. Gierig stopfen sich die Gänsekinder mit Körnern voll. Dann schlafen sie. – Pech für Georg und Bernd, die jetzt eigentlich hätten drehen wollen.
Bis zum Nachmittag rühren sich die zehn kaum von der Stelle. Fressen – Schlafen – Fressen – Schlafen: nach einer halb durchwachten Nacht unter freiem Himmel passen wir uns diesem Rhythmus gar nicht ungern an.
*15.10 Uhr.* Die Gänse werden unruhig, also brechen wir auf. Das kurze Stück von der Straße zur Ach fliegen sie voraus, um sogleich in einer wilden Badcorgic vom Bach Besitz zu ergreifen. Nach der anschließenden, nur von einem Weidegang unterbrochenen Ruhepause geht es erneut zum Hopfensee.
Da alle zehn nun sichere und geübte Flieger sind, sind meine Angst und Sorge geringer geworden und Stolz und Freude gewichen, wobei mein Stolz mir selbst ein wenig übertrieben erscheint. Schließlich habe ich meinen Gänsen das Fliegen nicht beigebracht. Jetzt, da die Last der Verantwortung für mich etwas kleiner geworden ist, genieße ich es erst richtig, noch ein paar ruhigere und vielleicht sogar sorglosere Wochen mit ihnen zu verbringen.
*18.00 Uhr.* Nach einem ausgiebigem Weidegang in der Wollgraswiese fliegt die Schar vom Fuß des Hügels auf und entschwindet in Richtung Hopfensee. Georg und Bernd sind schon vorausgefahren, um die Ankunft der zehn an unserem Übernachtungsplatz zu filmen. Es dauert geraume Zeit, bis Kira und ich zu Fuß und mit dem Kajak nach-

*Baderolle ...*

*... Beine in die Luft ...*

*... Schwenk nach rechts.*

kommen. Fliegen geht eben schneller. Als ich endlich eintreffe, schnattern meine Kinderchen zur Begrüßung um die Wette.

Der See lädt an diesem herrlichen Sommertag geradezu zum Baden ein. Da uns noch immer ein paar Schwimmszenen fehlen, schlage ich vor, daß Georg sich zum Filmen in den Kajak setzt.

Bernd und ich helfen Georg beim Einsteigen. Dann drücken wir ihm die Videokamera in die Hand und lassen ihn erst einmal in Ufernähe probieren, ob er mit dem Boot überhaupt zurechtkommt. Bernd kriegt allein vom Zuschauen Angstzustände. Er sieht die teure Filmkamera schon im Wasser liegen. Auch Georg ist offensichtlich nicht ganz wohl bei diesem Abenteuer. Doch anstatt an Land zurückzukehren, bittet er Bernd kurzerhand, den Kajak festzuhalten. Bernd hat keine Wahl. In Unterhosen stürzt er sich in den See. Nun ist er nicht nur für die Sicherheit des Kameramanns, sondern auch für die Schwenks verantwortlich. Zum Glück fühlen sich die Gänse durch den Trubel überhaupt nicht gestört, im Gegenteil, wie routinierte Hauptdarsteller spielen sie bereitwillig ihre Rolle.

Bisher hatten wir nächtliche Szenen nur in der Nähe von Steckdosen gefilmt. Nun hat sich Georg für unsere Dreharbeiten am See extra starke Akku-Filmleuchten geliehen. Bei Einbruch der Dämmerung baut Bernd den »Leihmond« an unserem Übernachtungsplatz am Ufer auf.

*20.30 Uhr.* Vor dem Auge der Kamera halten Kira und ich bei ungewöhnlich hellem »Mondschein« unser Abendpicknick. Die Gänse sind ausgerechnet heute besonders gefräßig. Jeden Bissen versuchen sie uns wegzuschnappen. Selbst von den Weintrauben, die es zum Nachtisch gibt, wollen sie etwas abhaben. Die zehn haben einfach keinen Respekt. Nicht einmal vor dem Fernsehen.

*21.00 Uhr.* Unser romantisches Abendmahl mit Gänsen ist im Kasten, wir können in die Schlafsäcke schlüpfen. Bernd findet es so schön hier draußen, daß er sich spontan entschließt, die Nacht anstatt im Hotel mit uns am Seeufer zu verbringen.

*Donnerstag, 21. Juli*

*4.00 Uhr.* Der »Wecker« knabbert. Da hilft kein Vergraben im Schlafsack. Gänseschnäbel sind unerbittlich.

*5.45 Uhr.* Vom ersten Weideausflug zurück, haben Georg und Bernd die Kamera bereits startklar für den Sonnenaufgang. Da sie die Sonne nicht ohne mich und meine Gänse filmen wollen, nehme ich nicht ganz freiwillig ein morgendliches Bad. Manchmal könnte ich die Filmerei verwünschen.

*7.00 Uhr.* Im Kajak mache ich mich auf den Weg zum Bootshaus. Kira, Georg und Bernd kommen auf dem Landweg nach. Kurz vor dem Steg fliegen die Gänse auf, ziehen eine Schleife über dem See und verschwinden in Richtung Geisenbergers Garten. In der Hoffnung, daß der Heimflug zum ersten Mal geklappt hat, folgen Kira und ich ihnen zu Fuß. Doch wir sind noch nicht weit gekommen, da erscheinen sie schon wieder über unseren Köpfen, ziehen schnatternd eine Runde und fallen dann rund um uns in die Wiese ein. Gänsekinder haben es eben schwer, wenn Mama Gans nicht vorausfliegen kann. Kira geht also zurück zum Bootshaus und fährt mit Georg und Bernd im Auto nach Hause. Vielleicht klappt ein zweiter Versuch, wenn sie die Gänse im Garten empfängt.

*8.00 Uhr.* Nach Weidegang und Rast mache ich mich mit den Gänsen wieder auf den Weg. Ich versuche immer wieder die Schar zum Auffliegen zu bringen. Aber es ist nichts zu machen. Sie wollen nicht. Die Wiese scheint schmackhafter zu sein als das Gänsemüsli, das zu Hause auf sie wartet. Gänse lassen sich eben nicht

*Im Rüttelflug ...*

*... setzt Mini ...*

*... Beine ausgestreckt ...*

... zur Punktlandung in Geisenbergers Garten an.

dressieren, auch wenn es vielleicht manchmal so scheint. Erst kurz vor Erreichen der Hügelkuppe merke ich, wie die Gänsehälse immer länger werden: *gak-gak-gak* sagen sie: »Wir wollen fliegen.« Ein kurzer Anlauf genügt, und schon sind sie in der Luft. Eine halbe Stunde später stehe ich am Gartentor, vor mir ein Bild des Friedens: satte, zufriedene Gänse, die im Kreis um eine glückliche Kira im Gras ruhen. Kein Wunder, daß die Begrüßung diesmal nicht besonders überschwenglich ausfällt.

*13.10 Uhr.* Die Gänse werden unruhig. Wenig später starten alle zehn direkt aus dem Garten und fliegen zur Halbinsel. Während der letzten zwei Wochen ist die Selbständigkeit der Gänsekinder von Tag zu Tag gewachsen. Anfangs waren es nur Minuten, die ich sie an der Ach ganz allein lassen konnte. Später hielten sie es dann eine Weile in Gesellschaft eines »Babysitters« aus. Und jetzt sind es schon ein paar Stunden am Tag, in denen sie mich nicht mehr brauchen.

*17.00 Uhr.* Wir folgen den Gänsen an den Hopfensee. Sie liegen in Höhe ihres Ruheplatzes auf dem Wasser. Auf unser Rufen antworten sie freudig und kommen uns sogar ein Stück entgegengeflogen, um dann im Kielwasser unserer Kajaks zur Halbinsel zurückzuschwimmen.

*19.00 Uhr.* Nach Schwimmausflug und Ruhepause kehren Kira und ich mit den Gänsen zum Bootshaus zurück, um sie dort auf die Weide zu führen, denn auf der Magerwiese der Halbinsel gibt es für Gänse nicht viel zu fressen.

*20.30 Uhr.* Bis auf Akka, die meinem Kajak folgt, fliegen alle zurück zur Halbinsel. Wieder verbringen Kira und ich eine Nacht am Ufer, die Gänse neben uns, um uns und auf uns.

*6.00 Uhr.* Nach ihrer zweiten Nacht, die sie allein am See verbracht haben, sind alle zehn Graugänse an der Ach gelandet. Freudig begrüßen sie mich und laufen mir voraus auf die Wiese. Unter Lisas und Rabes Führung geht es zu Geisenbergers Garten. Gierig, als ob sie am Verhungern wären, stürzen sie sich auf ihr Körnerfrühstück. Dann wird das Gefieder geputzt und anschließend geruht.

*8.00 Uhr.* Georg, Bernd und die Filmemacher Wolf und Gerald treffen ein. Wenig später kommen noch Wolfgang und Elke. Sie bringen auf ihrem Auto ein Kanu und die beiden Kajaks mit. Für heute ist die große Bootsfahrt auf der Ach bis zum Forggensee geplant. Wie damals die Streifengänse, muß ich auch die Graugänse mit der weiteren Umgebung vertraut machen.

Während Wolfgang mit dem Kameramann und den Booten etwa fünfhundert Meter bachabwärts vorausfährt, gehen Elke, Kira und ich mit den Gänsen zu Fuß zur Einsatzstelle. Ich marschiere voran, Kira und Elke bilden den Schluß. Während die Gänse auf der Straße parallel zur Ach unerschrocken draufloswatscheln, bleiben sie am Bahnübergang ängstlich stehen. Die beiden Gleise scheinen ihnen unüberwindlich. Angesichts dieses schrecklichen Hindernisses vergessen sie sogar, daß sie fliegen können. Auch mein Versuch, sie mit Brot hinüberzulocken, nützt zunächst nicht viel, obwohl Elke und Kira auch noch von hinten treiben. Doch schließlich nehmen Akka, Mini und Rabe ihren ganzen Mut zusammen und hüpfen tapfer über die Schienen. Die anderen folgen fliegend.

Weiter geht es über die Wiesen bis zur breiten Bundesstraße, die sie an dieser Stelle noch nie überquert haben. Die noch frische Erinnerung an die heldenmütige Überwindung des Bahnübergangs läßt sie ohne langes Zaudern das schwarze Teerband im Flug überwinden. Doch jetzt geht es in unbekanntes Terrain. Nur wir sind ihnen vertraut. Aufmerksam, aber äußerst gespannt folgen uns die Gänsekinder. Nach einer Stunde haben wir die Stelle erreicht, wo wir die Boote ins Wasser setzen.

Wolfgang übernimmt das Kanu mit Georg und Filmkamera. Elke betreut Regisseur Wolf, Produzent Gerald und Assistent Bernd. Sie hat die Aufgabe, die Treffpunkte anzusteuern, wo ein Aussteigen aus dem Boot und somit Dreharbeiten vom Ufer aus möglich sind. Kira wird im zweiten Kajak hinterherfahren.

*11.00 Uhr.* Es soll losgehen. Unmittelbar neben der Einsatzstelle wächst ein dichter Unterwasserteppich aus Laichkraut, was die Gänse für einen Moment vergessen läßt, daß sie sich in ungewohnter Umgebung befinden. Trillernd schwelgen sie in ihrer Leibspeise. Kaum setzt sich mein Kajak in Bewegung, beenden sie ihre Mahlzeit und

*Donnerstag,
28. Juli*

*Auf der Ach geht es hinab zum Forggensee.*

folgen mir in dichtem Pulk. Der Bach ist an dieser Stelle nur zwei Meter breit. Die Steilufer zu beiden Seiten sind dicht mit Schilf bewachsen. Den Grauganskindern, deren Bedürfnis nach freier, unbehinderter Sicht wesentlich ausgeprägter ist als das von Streifengänsen, wird es ein wenig unheimlich. Schon nach kurzer Fahrt jedoch vereint sich die Ach mit der Hopfener Ach und erreicht fast die Ausmaße eines kleinen Flusses. Wir lassen uns mit der Strömung treiben, die Spannung weicht und die Gänsekinder beginnen zu baden und an Samen und Blättern von Schilf und Gräsern zu knabbern. Auf halber Strecke liegt ein Baum quer über dem Flüßchen. Wir müssen die Boote ein Stück tragen. Die Gänsekinder nutzen die Gelegenheit zum Weiden. Nach der anschließenden obligaten Verdauungspause kann es weitergehen.

*12.30 Uhr.* Den letzten Teil bis zur Mündung der Ach in den Forggensee legen wir ohne Unterbrechung zurück. Als es endlich auf den See hinausgeht, fühle nicht nur ich mich erleichtert. Die Gänsekinder sind in äußerster Flugstimmung. Kaum lasse ich den Fluglaut *gak-gak-gak* hören, sind sie auch schon in der Luft, fliegen um die Landzunge und sind verschwunden. »Jetzt kehren sie nach Hause zurück«, ist mein erster Gedanke. Aber dann versuche ich es doch noch einmal mit *komm-komm*-Rufen.

Georg bringt die Kamera in Stellung. Ich hole tief Luft und rufe aus Leibeskräften. Keiner glaubt so recht daran, daß die Gänse kommen werden. Doch dauert es keine fünf Minuten, da höre ich ihre Stimmen, und schon streichen sie im Tiefflug um die Landzunge und wassern unmittelbar vor mir. Die Wiedersehensfreude ist groß. Nun begleiten sie uns ein Stück am Seeufer entlang zum Badestrand, wo Menschen und Gänse erst ihren Bärenhunger stillen, um sich dann von den Strapazen der viereinhalbstündigen Flußfahrt zu erholen.

*17.30 Uhr.* Frisch ausgeruht gehe ich mit der Schar zum Schwimmen. Kaum an Land zurück sind die Gänse schon wieder in Flugstimmung. In der Hoffnung, daß sie zu ihrem Übernachtungsplatz am Hopfensee zurückfliegen, bringe ich die zehn zum Auffliegen, doch sie drehen nur eine große Runde über dem See. Als sie merken, daß »Mama Gans« schon wieder nicht mitgeflogen ist, kehren sie zurück.

*18.00 Uhr.* Wenn die Gänse nur deshalb nicht heimfliegen, weil ich hier bin, muß ich sie überlisten. Also schleiche ich mich fort und verstecke mich hinter einem Busch, während Kira die Gänse mit Brot füttert. Es dauert keine zwei Minuten, bis die Gänse mein Verschwinden bemerken. In höchster Erregung, die Hälse hochgereckt, mustern sie aufmerksam die Umgebung. Nur zögernd folgen sie Kira, die im Kajak auf den See hinauspaddelt. Nach mehreren vergeblichen Versuchen, sie zum Auffliegen zu bringen, gibt sie auf und kehrt zum Ufer zurück. Als ich aus meinem Versteck hervorkomme, ist die Freude bei den Gänsekindern groß, während ich mich verzweifelt frage, wie ich die Schar wohl am besten wieder nach Hause lotse.

*19.00 Uhr.*   Die Gänse im Gefolge, mache ich mich im Kajak auf den Weg zur Mündung der Ach in der Hoffnung, daß sie dort beim Auffliegen die Umgebung wiedererkennen und dann von selbst den Weg Richtung Heimat einschlagen. Vergebens. In ihrer Verzweiflung fliegen die Gänse erst zurück zum Badestrand, kehren dann wieder um und landen bei zwei Fischern an der Achmündung. Die Zeit drängt, kaum zwei Stunden bleiben mir bis zum Einbruch der Dunkelheit. Es hilft nichts, ich muß flußaufwärts zurückpaddeln. Elke und Wolfgang begleiten mich im Kanu. An den Stromschnellen bei der Achmühle müssen wir mit den Booten an Land. Das Wasser ist zu flach, die Strömung zu stark. Die Gänse fliegen auf, landen aber gleich wieder neben uns. Also geht's zu Fuß weiter. Kurz vor der Bundesstraße bringen wir die Gänse zum Auffliegen. Der Hopfensee ist nur noch zwei Kilometer entfernt, durch dichten Wald jedoch unseren Blicken verborgen. Die Gänse fliegen zunächst in Richtung Heimat. Vor dem Wald drehen sie jedoch in Richtung Osten ab, überfliegen die Ach, ziehen eine Schleife, kehren an die Ach zurück und landen irgendwo. Während sich Elke und Wolfgang um die Kajaks kümmern, mache ich mich auf die Suche nach meinen Gänsekindern. Ich renne querfeldein über die Wiesen und schlage mich durch Gräben und mannshohes Schilf in Richtung Ach durch, um sie schließlich bei zwei Fischern am Ufer der Ach zu finden. Verwundert über den unerwarteten gefiederten Besuch begrüßen mich die beiden mit der Frage: »Die gehören wohl ihnen?« Wohl oder übel muß ich die Frage mit »ja« beantworten.

Weidend folgen mir die Gänse nur langsam die Ach entlang in Richtung Heimat. An einem Entwässerungsgraben fliegen sie wieder auf. Im Dauerlauf versuche ich, ihnen zu folgen. Völlig außer Atem erreiche ich den Ausgangspunkt unserer Kajakfahrt. Die Gänse ziehen noch eine Schleife, dann landen sie an der Mündung von Ach und Hopfener Ach. Wolfgang und Elke sind längst da. Aus vollen Kehlen rufen wir die Gänse mit *komm-komm*, doch sie reagieren nicht. Stattdessen antwortet, unser *komm-komm* ironisch nachäffend, vom gegenüberliegenden Steilufer der Hopfener Ach her ein Angler. Er scheint uns für verrückt zu halten. Erst als plötzlich zehn Graugänse unseren Rufen folgend über seinen Kopf hinwegstreichen, beginnt er zu begreifen, daß unser Geschrei nicht ihm galt.

90

*21.00 Uhr.* Endlich haben wir es geschafft. Die Gänsekinder fliegen zum Hopfensee. Wir folgen ihnen im Auto. Am Schlafplatz angekommen, füttern wir sie zur Belohnung mit etwas Brot. Einer der aufregendsten, anstrengendsten und spannendsten Drehtage ist zu Ende.

*Angesichts einer so großen Wasserfläche bleiben die Gänse möglichst nahe am Kajak.*

*Abends besuche ich die Gänse auf der Weide.*

*6.00 Uhr.* Die Gänse landen in Geisenbergers Garten, wo sie den ganzen Vormittag mit Weiden und Ruhen verbringen. Um die Mittagszeit fliegen sie zurück zum Hopfensee.

*18.00 Uhr.* Ich besuche die zehn auf der Wiese am kleinen Bootshaus. Sie begrüßen mich mit freudigem Geschnatter und nehmen mich in ihre Mitte. Ich habe ihnen etwas trockenes Brot mitgebracht. Spaziergänger bleiben stehen und beobachten uns rücksichtsvoll aus der Ferne. Die Gänse reagieren auf Fremde mittlerweile aggressiv. Wenn sich dennoch einer etwas näher wagt, muß ich ihn vor einem möglichen Angriff warnen. Den Hals weit vorgestreckt, rennen sie wie Geschosse auf den Eindringling zu, plustern sich auf und schlagen ihn meist gleich wieder in die Flucht. Nur vor Hunden haben sie Respekt. Ihre Freundschaft mit Bruno hat ihnen ihre angeborene Angst vor dessen Artverwandten offenbar nicht genommen. Jeder Hund, egal ob Dackel oder Dogge, versetzt sie in höchste Alarmbereitschaft, wobei es mir fast so vorkommt, als ob sie zwischen frei herumlaufenden und an der Leine geführten Hunden unterscheiden können. Führt ein Hundebesitzer seinen Hund an der Leine, sichern sie nur, ohne einen Warnlaut abzugeben. Kommt hingegen ein freilaufender Hund in Sicht, sind sie sofort flucht- und abflugbereit.

## Sonntag, 21. August

*6.00 Uhr.* Die Gänse landen im Garten der Nachbarin. Sie bleiben bis Mittag.

*18.00 Uhr.* Kira, Vroni und ich fahren mit dem Rad zum Hopfensee. Die Schar wartet bereits auf dem Steg am Bootshaus und folgt uns sogleich auf die Wiese.

Wir wollen erneut versuchen, die Gänse fliegend hinter uns herzulocken, um ihnen neue Weidegründe zu zeigen. Nachdem wir gestern völlig außer Atem aufgeben mußten, fahren wir heute gestaffelt: während ich die Gänse zum Auffliegen bringe, legt sich Kira in fünfhundert Meter Entfernung unter *komm-komm*-Rufen in die Pedale, denn im Nu haben mich die Vögel überholt. Kurz darauf wird Kira von Vroni abgelöst, die die Gänse nun ihrerseits mit *komm-komm*-Rufen lockt.

Diesmal klappt es, und wir schaffen es bis zur Ach, wo die Gänse auf einer Streuwiese landen. Die Anwesenheit von uns dreien gibt ihnen das Gefühl von Sicherheit. Schon nach wenigen Augenblicken kosten sie vom neuen Nahrungsangebot.

Gänse handeln nach dem Motto: »Je mehr von uns das Gleiche tun, desto sicherer sind wir.« Deshalb fallen Wildgänse stets lieber auf einer Wiese ein, wo schon andere Wildgänse weiden.

Die jahrhundertelange Bejagung und Verfolgung durch den Menschen wird nicht zuletzt dazu beigetragen haben, daß die Graugans ein so äußerst vorsichtiger und vor allem sehr scheuer Vogel ist, der die Nähe zum Menschen zwar schätzt und auf seinen Getreidefeldern weidet, trotzdem aber Distanz wahrt.

Um so glücklicher bin ich, daß ich dank meiner nicht immer ganz einfachen Rolle als Gänsemutter das Vertrauen von 10 Graugänsen gewonnen habe.

*19.30 Uhr.* Es ist Zeit zur Rückkehr. Als wir aufbrechen, starten auch die Gänse, doch nicht, wie ich gehofft hatte, in Richtung Hopfensee, sondern hinter uns her. Nachdem die treue Schar in Geisenbergers Garten gelandet ist, belohnen wir sie mit Körnerfutter. Nach einer kurzen Ruhepause fliegen sie dann gegen 20.15 Uhr zum Übernachten an den Hopfensee.

*Das »Gänsegeschwader« im Landeanflug.*

**Mittwoch, 31. August**

*6.30 Uhr.* Die Gänse landen in Geisenbergers Garten.
*12.00 Uhr.* Ich radle zu den überschwemmten Wiesen, die Gänse folgen mir in der Luft. Inzwischen sind wir fast Meister im »Fahrrad-Flug«. Auf kurzen Strecken, wie zu der nur zweihundert Meter entfernten Wiese, schaffe ich es allein, auf längeren Strecken fahren wir in einer Staffel. Heute stehen sowohl Kurz- als auch Langstrecken auf dem Programm.

Nach den starken Regenfällen der vergangenen Tage haben sich in der Wiese kleine flache Teiche gebildet. Für die Gänse scheint es nichts Schöneres zu geben, als zu

*Mit dem Fahrrad erobere ich mit meinen Gänsen die Umgebung.*

gründeln und im aufgeweichten Boden nach schmackhaften Wurzeln zu graben. Aber auch das Baden kommt hier nicht zu kurz.

*13.00 Uhr.* Kira und Martin treffen ein. Wir wollen mit den Gänsen bis zur Kajak-Einsatzstelle. Inzwischen haben wir mehr Ausdauer, oder die Gänse mehr Geduld. Wenn wir allzuweit zurückbleiben, drehen sie einfach eine Ehrenrunde, wobei sie nur wenige Zentimeter über unsere Köpfe hinwegstreichen. Für Außenstehende ist unsere Staffeltechnik allerdings nicht ganz ohne Schrecken. Auf unsere Rufe »Weg frei!« flüchten sich diesmal zwei Spaziergänger in den Straßengraben, als sie außer drei

*Auch der winzigste Tümpel lädt in der Mittagshitze zum Baden ein.*

97

Radfahrern auch noch zehn Gänse im Tiefflug auf sich zurasen sehen. Am Ziel angekommen, werfen wir die Räder ins Gras und gehen in die Hocke, um die Gänse so zum Landen aufzufordern. Kaum sind sie gelandet, jagt Martin nach Hause zurück, um Wolfgang und Elke anzurufen und ihnen zu sagen, daß sie mit den Booten kommen können.

*16.00 Uhr.* Kira und Elke fahren mit Wolfgang im Kanu, Martin und ich nehmen die Kajaks. Aus den Erfahrungen mit Streifengänsen habe ich gelernt, daß ein oder zwei Flußfahrten nicht ausreichen, um die Gänse mit einer neuen Gegend so vertraut zu machen, daß sie auch von selbst dorthin fliegen. Für uns ist jede Flußfahrt ein neues Abenteuer. Diesmal haben wir Proviant und sogar Schlafsäcke dabei, denn wir wollen am Ufer des Forggensees übernachten. Elke hat Pizza gebacken und holt sie von zu Hause, nachdem wir glücklich an unserem Biwakplatz gelandet sind. Im Abendrot am Seeufer inmitten einer Schar Gänse zu Abend essen – noch selten hat uns eine Pizza so gut geschmeckt.

Was für eine Nacht! Es ist sternenklar und die Silhouetten der Königsschlösser spiegeln sich im stillen Wasser des Sees.

## Donnerstag, 1. September

Bisher hatte ich geglaubt, Gänse wüßten instinktmäßig, daß der sicherste Übernachtungsplatz für sie das offene Wasser ist. Doch diesmal, offenbar froh darüber, nicht alleine zu sein, haben die Gänse die ganze Nacht gemeinsam mit uns an Land verbracht. Schon vor Sonnenaufgang sind sie putzmunter und treiben mich aus dem Schlafsack. Ich nehme den Kajak und folge den Gänsen auf den See hinaus. So schwer es mir auch gefallen ist, den außen zwar taunassen, innen aber trockenen und warmen Schlafsack zu verlassen, so sehr genieße ich nun diese frühe Morgenstunde. Die grauen Nebelschwaden, die über dem See liegen und bereits den Herbst ankündigen, beginnen weiß zu leuchten, als die Sonne über den Bergkuppen auftaucht. Die Gänse sind in Flugstimmung. Sie nehmen kurz Anlauf und schwingen sich in die Luft. Dicht über der Wasseroberfläche dahinstreichend, entschwinden sie kurz darauf im Nebel, nur ihre hellen Stimmen dringen noch an mein Ohr. Doch dann sind sie plötzlich wieder da und wassern unter lautem Geschnatter dicht neben meinem Kajak.

Gegen Mittag starten wir mit Kanu und Kajaks in Richtung Lech. Auf einer Sandbank im Mündungsbereich halten wir Rast. Die Untiefe lädt die Gänse zum Baden ein. Anschließend putzen sie, im flachen Wasser stehend, gründlich ihr Gefieder. Der Anblick des aus der Kajakperspektive leise zwischen dem dunkelgrünen Laubwerk der Bäume und Büsche dahinströmenden, smaragdfarbenen Wassers weckt in mir unwillkürlich Erinnerungen an ferne Länder.

In einem Altwasser des Lech voller Wasserpflanzen und kleinen Schilfinseln, endet unsere Erkundungsfahrt. Es den Gänsen gleichtuend, halten wir Siesta, lassen die Boote in der leichten Brise vor sich hindümpeln und dösen ein.

*18.15 Uhr.* Auf der Rückfahrt zum Badestrand bringe ich die Gänse zum Auffliegen. Wir wagen kaum, unseren Augen zu trauen, aber diesmal ziehen sie gleich steil nach oben und entschwinden in Richtung Hopfensee. Eilig packen wir unsere Sachen und folgen meinen nun schon fast erwachsenen Gänsekindern auf dem Landweg.

*19.00 Uhr.* Auf ihrer Wiese neben dem Bootshaus liegen die zehn im hohen Gras. Endlich haben sie allein vom Forggen- zum Hopfensee zurückgefunden. Damit bin ich in der »Erziehung« meiner Kinderchen einen entscheidenden Schritt vorangekommen. Schließlich bleiben mir nur noch vier Wochen Zeit, um sie mit ihren Überwinterungsplätzen vertraut zu machen. Wenn der Hopfensee im Winter zufriert, müssen sie zum Forggensee und Lech ausweichen können.

**Donnerstag, 22. September**

Die Tage werden kürzer. Die Ankunft der Gänsekinder hat sich in den letzten Wochen entsprechend verspätet. Noch immer aber wollen sie von »Mama« begrüßt werden. Laut rufend fliegen sie daher allmorgendlich über mein Haus hinweg – für Kira und mich das Startzeichen zum Spurt in Richtung Geisenbergers Garten. Noch während wir auf ihre Rufe mit *komm-komm* antworten, setzen sie bereits zur Landung an.

Heute sind die Gänse erst um 8.00 Uhr eingetroffen. Seit wir ihnen auch noch einen kleinen Teich angelegt haben, betrachten sie den Garten der Nachbarin ganz als ihr Revier. In ihrer Entschlossenheit, es zu verteidigen, übertreffen sie sogar Bruno, der manchen Besucher schwanzwedelnd begrüßt, während die Gänse mit vorgestreckten Hälsen laut schnatternd auf jeden Eindringling losgehen. Selbst der Briefträger hat hier nicht den Hund zu fürchten, sondern die bissige Gans. Kommt Bruno mir zur Begrüßung entgegen, verjagen ihn die eifersüchtigen Gänse mit Zischen und Fauchen und versuchen, ihn zu zwicken, bis er sich in seine Hundehütte verzieht. Der Klügere gibt eben nach. Auch Georg und Bernd werden angegriffen. Nach einer vierwöchigen Drehpause behandeln sie die beiden wie Fremde.

Abschiedstimmung überschattet den heutigen Drehtag. Es ist Kiras letzter Tag mit uns. Anfang Oktober wird sie zum Studium nach Oxford reisen. Aber auch mir bleiben nur noch vier Tage Zeit, denn am 26. September fliege ich nach Chile. So bedarf es für die Abschiedsszene keines schauspielerischen Talents.

Wie sehr ich meine Gänslein ins Herz geschlossen habe, wird mir erst jetzt bewußt.

Wie verschieden ihr doch seid: Goldi, meine kleine Kaffeetante, in jede Tasse mußtest du deinen Schnabel stecken. Geschadet hat es dir aber offenbar nicht. Lisa, du kleiner Vielfraß, bist immer noch als erste zur Stelle, wenn es etwas zu futtern gibt.

Mohrle, auch jetzt noch hast du das dunkelste Gefieder. Aber es ist ein rechtes Pummelchen aus dir geworden – was dich allerdings nicht daran hindert, aufgeplustert und wild mit den Flügeln rasselnd allen voran auf jeden vermeintlichen Angreifer loszujagen.

Nela und Rosa, ihr bleibt zwar stets zurückhaltend im Hintergrund, eine »federführende« Rolle, so scheint mir, habt ihr aber doch.

Ringelchen, du kleines stilles Humpelbein, wie anhänglich du doch bist. Ich werde dich sehr vermissen.

Fiddi, oft hast du mich mit deiner Frohnatur an meine Streifengans Julchen erinnert. Und fast ebensooft hast du dich mit deiner Neugierde in Schwierigkeiten gebracht.

*Frau Geisenberger greift schlichtend ein, wenn die Gänse und Bruno streiten.*

Mini, ganz zu Unrecht trägst du deinen Namen, denn mittlerweile bist du der größte, stärkste und lauteste Ganter unter deinen Geschwistern.

Rabe, du siehst Mini nicht nur äußerlich ähnlich, sondern teilst mit deinem Bruder auch dessen sonniges Gemüt. Wie oft hast du mich zum Lachen gebracht, wenn du in unbewachten Augenblicken Kugelschreiber oder Schlüssel stibitzt hast, um die Beute dann stolz im Schnabel durch den Garten zu tragen. Vater Geisenberger hast du sogar einmal einen Pantoffel verschleppt.

Akka, noch immer läßt du dich wie ein Jagdfalke herumtragen. Du hast es mir mit Anhänglichkeit gelohnt, daß ich dich drei Wochen lang gesundgepflegt habe.

*Rabe macht seinem Namen alle Ehre.*

*Akka ist meine Lieblingsgans.*

**Dienstag, 28. Februar 1989**

Julchen, wo bist du geblieben? Seit jenem 13. April vor bald einem Jahr habe ich dich nicht wiedergesehen. In der Zwischenzeit habe ich mein Graugans-Tagebuch zu Papier gebracht. Es gab viel von diesem neuen Gänsesommer zu berichten.

Der Frühling naht. Vor einer Woche schon sind die Stare zurückgekehrt. Froh erklingt das Lied der Amsel am Morgen von der Kiefer neben dem Haus. Der helle Lockruf der Graugänse, die in V-Formation über mein Haus fliegen, ruft mich in Geisenbergers Garten. Wie treu sie sind. Kein Tag verging seit meiner Rückkehr Ende Dezember, an dem sie nicht nach Hause kamen. Wie dankbar bin ich euch, Mohrle, Akka, Nela, Rosa, Ringelchen, Mini, Rabe, Fiddi, Goldi und Lisa, daß ihr mir jeden Tag aufs neue die Freude schenkt, euren Flug zu sehen, eure Stimmen zu hören und bei euch zu sein. Zum zweiten Mal ist ein Traum wahr geworden.

Gestern starb Konrad Lorenz. Der »Vater der Graugänse« ist auch mein geistiger Vater. Eine Ära ist mit ihm zu Ende gegangen. Was bleibt, ist die Erinnerung und sein Werk.

Alle sind dir Weggefährten,
für eine Zeit.
Gegenwart heute, morgen Vergangenheit.
Was bleibt?
Ein Erkennen vielleicht,
ein Lächeln darüber nach Jahren.

*P. Zauner*

## Nachwort

Mit meinem Buch Ein Gänsesommer hat alles angefangen. Sein gänzlich unerwarteter Erfolg brachte mich auf die Titelseiten von Zeitschriften. Radio und Fernsehen luden mich ein. Zu meiner großen Freude wurde auch die Wissenschaft auf mich aufmerksam. Die beiden Professoren Dr. Dietrich Schneider und Dr. Michael Wink beauftragten mich mit Versuchen und vergleichenden Beobachtungen zur Nahrungsmittelwahl bei drei Gänsearten: bei Graugänsen, Streifengänsen und Kanadagänsen. Die Ergebnisse dieser Forschungsarbeit werden in einer wissenschaftlichen Fachzeitschrift veröffentlicht.

So wurde ich also zum zweiten Mal »Gänsemutter« - doch diesmal von über zwanzig Gänsen! Natürlich konnte ich so viele »Kinderchen« nicht alleine betreuen. Daher war ich froh, daß meine Freunde Martinus Martin, der gerade das Abitur gemacht hatte, und Martin Bilfinger, der in München Biologie studiert, bereit waren, ihr bequemes Zuhause gegen Holzhüttchen und Wohnwagen einzutauschen und bei den Streifen- und Kanadagänsen die »Vaterrolle« zu übernehmen. Ich selbst übernahm die Aufzucht der Graugänse.

*Unser Gänseteam: Vroni, Kira, Martinus, Elke, Martin und ich mit Akka.*

Dem freundlichen Entgegenkommen und der Großzügigkeit der Professoren Dr. Schneider und Dr. Wink ist es zu verdanken, daß meine Rolle als Gänsemutter gefilmt werden durfte. So konnte der spontane Entschluß des Leiters der Redaktionsgruppe »Kinder« beim Westdeutschen Rundfunk in Köln, Dieter Saldecki, über diesen zweiten »Gänsesommer« eine Fernsehserie zu drehen, verwirklicht werden. Die Idee dazu hatten die Münchener Filmemacher Dr. Gerald Krakauer und Wolf Müller-Scherak.

Nie hatte ich geahnt, was ich in den fünf Monaten, die ich mit meinen Gänsekindern verbringen sollte, alles erleben würde. Viel Neues hatte ich nach meinen Erfahrungen mit den Streifengänsen eigentlich nicht erwartet. Doch Akka, Nela, Rosa, Ringelchen, Mohrle, Lisa, Fiddi, Goldi, Rabe und Mini sollten mich eines Besseren belehren. Also griff ich zur Feder und brachte meine Tagebuchaufzeichnungen wiederum in Buchform. Wenn es mir gelungen ist, meine Leser auf diese Weise teilhaben zu lassen an der Freude, die ich empfand, meine Gänschen heranwachsen zu sehen, hat es seinen Zweck erfüllt.

Buch und Film jedoch wären nicht geworden, was sie sind, ohne die Geduld, Ausdauer und das Einfühlungsvermögen des Kameramanns Georg Auersperg, seines Assistenten Bernd Weber und meines Lektors Dr. Karl-Heinz Ludwig, ohne die selbstlose Hilfe meiner Freunde Elke und Wolfgang Englert, Vroni Lacher, Kira May und Heidi Buhrow und den fotografischen Einsatz von Martin Bilfinger, ohne das Verständnis und die Hilfsbereitschaft meiner Nachbarn, allen voran der Familie Ostheimer und unserer guten Seele Hanni Geisenberger, vor allem aber nicht ohne die Toleranz und die Mitarbeit Günters und meiner Eltern: ihnen allen meinen innigsten Dank.

Der Kreis, den »Ein Gänsesommer« und »Tagebuch einer Gänsemutter« beschreiben, hat sich geschlossen: Am Osterdienstag, dem 28. März 1989, landeten meine Streifengans Flocke und ihr »Ehemann« in Geisenbergers Garten. Eine Woche später kehrte auch Julchen zurück. Seither fliegen Streifengänse und Graugänse gemeinsam über mein Haus.


Füssen, im Herbst 1989

## BILDNACHWEISE

**Martin Bilfinger**
Seite 34, 40, 42, 45 (alle drei), 47, 49 (alle drei), 50, 53, 56 (links und rechts), 68, 71, 72, 73, 78, 79, 80, 81 (alle drei), 83, 84 (alle drei), 85, 88, 91, 92, 95, 96, 97, 99, 101, 103, 104

**Günter Ziesler**
Seite 9, 10, 11, 15, 16 (links und rechts), 17, 18, 19, 23, 24, 25, 26, 31, 36, 39, 54, 55, 56 (Mitte), 57, 105, 109, 111

**Angelika Hofer**
Seite 20 (alle drei), 21 (alle drei), 28, 59, 62

**Wolfgang Englert**
Seite 74, 110

**Theo Hofstetten**
Seite 41

**Wolfgang Steger**
Seite 6

Zweite Auflage 1990
© ars edition, München 1989
Alle Rechte vorbehalten
© Fotografien: Martin Bilfinger, Günter Ziesler,
    Angelika Hofer, Wolfgang Englert, Theo Hofstetten, Wolfgang Steger
Umschlaggestaltung, Layout und Illustrationen:
Wolfgang Steger, Füssen
Lithographie: Columbia Offset, Singapore & London
Satz: ars edition, München
Druck: Allgäuer Zeitungsverlag GmbH, Kempten
Bindung: Graphische Werkstätten Kösel, Kempten
ISBN 3-7607-8236-1